Cine/Literatura
Ritos de pasaje

Sergio Wolf

Cine/Literatura
Ritos de pasaje

PAIDÓS
Buenos Aires
Barcelona
México

Las fotos que aparecen en el interior del libro
pertenecen al archivo del autor.

1a. edición, 2001

Cubierta de Gustavo Macri

Quedan rigurosamente prohibidas, sin la autorización escrita de los titulares
del *copyright*, bajo las sanciones establecidas en las leyes, la reproducción
total o parcial de esta obra por cualquier medio o procedimiento, comprendidos
la reprografía y el tratamiento informático, y la distribución de ejemplares de
ella mediante alquiler o préstamo públicos.

© 2001 de todas las ediciones
   Editorial Paidós SAICF
   Defensa 599, Buenos Aires
   e-mail: paidosliterario@ciudad.com.ar
   Ediciones Paidós Ibérica SA
   Mariano Cubí 92, Barcelona
   Editorial Paidós Mexicana SA
   Rubén Darío 118, México D.F.

Queda hecho el depósito que previene la Ley 11.723
Impreso en la Argentina - Printed in Argentina

Impreso en Gráfica MPS,
Santiago del Estero 338, Lanús, en agosto de 2001

ISBN 950-12-2716-2

Índice

Introducción 11

1. La transposición: un problema de origen 15
   Los tipos de abordaje 19
   a) El análisis de la transposición tiene un valor previo, dado por el valor del escritor 19
   b) El análisis de la transposición tiene sentido en tanto descripción de las "diferencias" con el texto original 21
   c) El análisis de la transposición tiene sentido cuando está circunscripto a los textos clásicos 24
   d) El análisis de la transposición tiene sentido porque permite vínculos con otros textos o marcos teóricos 27

2. La transposición: problemas generales y problemas específicos 29
   Problemas generales 29
   a) La especificidad: los puentes entre el texto y el filme 34
   b) Las zonas compartidas 36
   c) Las zonas de conflicto: las escrituras y los estilos 39
   d) Dificultades de equivalencia: los textos que pueden o no pueden transponerse 44
   e) La inversión del orden: el cine como origen de la literatura 46
   Los problemas específicos 48
   a) Extensión o economía 49
   b) Diálogos literarios y diálogos cinematográficos 53
   c) La voz *off* 60

      d) El monólogo interior y los discursos sobre
          el pensamiento 65
      e) El punto de vista y el problema de los narradores 70

3. Los modelos de transposición: de la adecuación
   al *camouflage* 77
   ¿Qué es la transposición? 77
   Los criterios de la transposición: *El desprecio* 80
   ¿Qué es la fidelidad al texto? 84
   Los modelos de transposición 89
      a) La fidelidad posible: la "lectura adecuada" 89
          El policial: *Confidencialmente tuya* 90
          El fantástico: *El exorcista* 92
          El drama realista: *Un tropiezo llamado amor* 96
          El melodrama: *El ocaso de un amor* 99
      b) La fidelidad insignificante: la "lectura aplicada"
          o el estilo ausente 103
          El caso Auster: *La música del azar* 104
          El caso Tabucchi: *Sostiene Pereira* 106
      c) El posible adulterio: La "lectura inadecuada" 109
          Bassani-Montaldo: *El hombre de los anteojos de oro* ... 111
          Bianco-Saslavsky: *Las ratas* 113
      d) La intersección de universos: el escritor y el director
          como autores 116
          Huston: el hombre que transponía demasiado 119
          Dos fábulas: *Matilda* y *La noche del cazador* 127
      e) La relectura: el texto reinventado 133
          Ladrón de bicicletas: del ensayo sociológico
          al melodrama testimonial 137
          Lola Montes: del diario privado al melodrama circense 140
          Carne trémula: del policial al melodrama 143
      f) La transposición encubierta: las versiones no declaradas .. 148
          Jenofonte y Hill: un clásico como fábula rock 153

Epílogo 159

Bibliografía general 161
Textos citados transpuestos al cine 167
Películas citadas 169

A Samuel y Esther, por todo.
A Ricardo Ayabar, por la literatura.
A José Martínez Suárez, por el cine.

Introducción

Más allá de la seducción siempre renovada que ejerce un campo problemático y de puras batallas por el sentido, como es el de los textos literarios que sirven de origen a películas, hay en este libro un punto de partida que buscó tomar distancia de ciertas tendencias que suelen prevalecer en el abordaje del tema.

La búsqueda se orientó a intentar cercar un objeto, la transposición literaria, que se presenta siempre como resbaladizo e inasible, quizás por la diversidad de materiales que entran en consideración, y donde la heterogeneidad de marcos teóricos posibles y la asimetría de disciplinas o códigos ocupan un lugar central en la dificultad.

De allí que el trabajo más arduo consistió, en primer lugar, en detectar los nudos conflictivos básicos del proceso de transponer un texto a un filme. Ello no es lo que habitualmente procuran desatar otros estudios de esta naturaleza, ya sea porque consideran que es un territorio apto sólo para especulaciones teóricas –que hablan más de quien las escribe (aunque todo texto hable siempre de quien lo escribe) que de los objetos de trabajo–, o bien por dedicarse a textos canonizados por la crítica, o porque se limitan a la concentración burocrática, enumerativa o presuntuosamente científica de las diferencias entre textos literarios y filmes.

La voluntad de este texto, entonces, estuvo focalizada en circunscribir el abordaje a la transposición, partiendo de la evaluación de los procesos de trabajo y sus implicancias materiales, sus operaciones, el sentido de las decisiones adoptadas para ese intercambio o litigio disciplinario. Por ese motivo, no se tomaron en cuenta textos literarios o películas de una sola época, nacionalidad, espesor, valoración crítica o histórica, un escritor o un cineasta en particular, sino que se aspiró a contemplar como eje el interés que presentaban ciertos casos precisamente por lo ocurrido con su transposición. Si bien hay ciertas adhesiones, fervores y gustos en los materiales elegidos, también es cierto que se desecharon muchos otros en los que no hallé –o no advertí aunque lo hubiera– el conflicto necesario que generara zonas de interés en relación con la transposición en ninguno de los campos, ni en el literario ni en el cinematográfico.

Aquí habría que hacer la siguiente salvedad: siempre se puede plantear algún tipo de discusión sobre los efectos o la clase de transposición. El problema radicaba precisamente en la productividad de esa discusión: que entre el mundo del autor o del director hubiera zonas ríspidas, distancias, afinidades y repulsiones; fronteras complejas de atravesar, inexactitudes o vecindades; zonas que enriquecieran la reflexión sobre el tema. Es decir, que entre el estilo del autor y el del texto, y el estilo del director y el del filme emergiera alguna de las formas posibles del diálogo.

Las elecciones son –es inevitable que ocurra– fruto de las afinidades literarias y cinematográficas de quien escribe, y no hay modo, ni tiene sentido, que este caso quiebre esa regla de oro. Pero dentro de esa determinación orientada por el gusto o el placer, o el gusto devenido juicio, la intención fue poner en relación materiales de distinto origen, espesor, época y autor, tratando más de hacer brillar los problemas a discutir que firmar contratos en blanco, o tácitos, con los distintos cánones a los que se enfrentaba este trabajo. Precisamente porque de eso se tratan las transposiciones y el análisis que de ellas puede hacerse: de una puesta en relación.

Un aspecto central consistió en trabajar sobre materiales que no sólo tuvieran consenso como alta literatura, o que fueran bendecidos como tales. Veía como un acto de pereza contemplar solamente los problemas que traía consigo a aquellos que se animaran con transposiciones sobre Proust, Joyce, Borges o Thomas Mann. Porque, en todo caso, las dificultades que supone para un guionista o un cineasta el acto de producir transposiciones, y para el crítico o el teórico desmenuzarlas, existen tanto para la "alta" literatura como para la "literatura de mercado". También se limitaba el campo si me circunscribía sólo a los *best sellers* actuales, a un género particular –por ejemplo, el realismo o la parodia– o únicamente a textos latinoamericanos o argentinos.

Fuera bajo la excusa o el canon que fuere, los "cortes" se orientaban hacia otros supuestos distintos al objeto de este texto, que consistía en abarcar aristas, problemas, efectos, implicancias, cercanías y colisiones derivados de la literatura que se convierte en cine. Ése es el motivo por el cual conviven en este libro –quizás no demasiado a gusto, visto desde cierto análisis literario– materiales de una heterodoxia absoluta, cuya unión se sostiene en la decisión de abolir las fronteras canónicas entre literatura culta y literatura de mercado. Es que, finalmente, existen tantos ejes posibles de ser discutidos en una transposición sobre Jenofonte o Shakespeare como en una sobre Joyce o Thomas Mann. El problema del estilo como soporte literario, se presentaba tanto en un caso como en el otro.

Los materiales incluidos en este libro no fueron elegidos para cerrar el circuito de cierto marco teórico, sino para abrir un marco problemático de trabajo, entendiendo que los problemas de la transposición exceden tanto a la bibliografía como a los casos de estudio. Por esa razón, aquí no se trata de extensos análisis sobre pocas obras específicas, sino de una amplia diversidad de obras seleccionadas para pensar los aspectos centrales del proceso de transposición. De allí que –en muchos pasajes– se introduzcan referencias, o se reproduzcan anécdotas con la pretensión de que iluminen zonas del trabajo mismo de la transposición, ya que tanto las opciones definitivas como las desechadas expanden el campo de análisis en vez de ceñirlo a una perspectiva únicamente literaria, cinematográfica, semiótica, histórica o técnica.

El criterio de "selección de casos" pretendió alejarse de los casos ejemplares, para privilegiar más el diálogo entre las obras, los escritores, los cineastas, y las hipótesis que pudieran fomentarlo. No se trata de casos definitivos –imposible que los haya en un libro como éste– sino de ciertas elecciones que evitan restringir el campo frente a todo aquello que aparece como enriquecedor. La selección sí buscó, en cambio, como quedó dicho de modo parcial, que hubiera obras literarias y cinematográficas con distintas inscripciones de género: del policial a la fábula infantil, de la ciencia ficción al filme-opera, de la película de pandillas al melodrama, de la comedia policial al filme fantástico, de la sátira política a la biografía. Esa prerrogativa también se impuso al hacer discutir tácitamente abordajes literarios considerados canónicos, como los que son habituales a propósito de Henry James o William Shakespeare, con otros que crisparon esas seguridades, como Marcel Proust, Vladimir Nabokov, Jorge Luis Borges o William Burroughs. Esa articulación orientó, asimismo, los filmes y cineastas trabajados: John Huston, David Lean, Luchino Visconti, Alfred Hitchcock, Claude Chabrol, o Walter Hill; pero también Jean-Luc Godard, Andrei Tarkovski, Leonardo Favio, Wim Wenders, Joel Coen o Pedro Almodóvar.

Respecto del origen de los textos y las películas seleccionados, no quise que este libro tratara únicamente sobre transposiciones realizadas en Argentina, porque hubiera confinado el análisis a ciertos casos y autores sobre quienes ya había –como en Borges, como en Quiroga– trabajos excelentes y diversos. Además, esa opción implicaba cierto aislamiento en la literatura y el cine argentinos que es más habitual de lo que debiera. Por otra parte, las cuestiones teóricas y prácticas vinculadas con la transposición no tienen nacionalidad ni identidad geográfica: sus únicas patrias son la literatura y el cine.

Hechas estas salvedades –probablemente innecesarias, ya que todo texto debería explicarse a sí mismo–, no puedo dejar de mencionar, finalmente, a aquellos que estuvieron cerca e hicieron posible este libro. Aquellos que pusieron cuidado, arrimaron certezas y entregaron su invalorable calidez, su profesionalismo y su humanidad, como es el caso de mi editor, Raúl Illescas. También quiero agradecer a aquellos que aportaron opiniones oportunas y traducciones, como Rodrigo de Zavalía; que recomendaron o promovieron lecturas, como Sergio Colombo o Raúl Manrupe; que sugirieron atajos en momentos de duda, en el caso Lucila Schonfeld; que no dudaron en ofrecer lo que intuían que podía ser interesante, como María Cecilia Foncuberta; que aportaron lo suyo para que el libro fuera mejor, como Javier Porta Fouz o Gustavo Malajovich; que ayudaron en el tramo decisivo, como Pilar Ferreyra; o que leyeron parcialmente el material y acompañaron, comentando e iluminando sin saberlo, como Gabriel Kameniecki. Ellos estuvieron siempre, advirtiendo o sin advertir las zozobras, por lo que al llegar a tierra, vaya para ellos mi enorme deuda de afecto y agradecimiento.

Sergio Wolf

1. La transposición: un problema de origen

> "La película, esa deriva"
> Marguerite Duras, *Le Navire Night*

Excepción hecha de los casos puntuales, en términos generales, para hablar del problema de la literatura que deviene cine, o mejor, de los libros que devienen películas, se recurre a la palabra adaptación. Y lo cierto es que la palabra "adaptación" tiene una implicancia médica, y otra, material.

Remite a la jerga médica en la medida en que la literatura haría las veces del objeto díscolo, inasible o inadaptable, aquello que no consigue integrarse a un sistema. De modo complementario, entonces, el cine sería lo establecido, el formato rígido y altivo que exige que todo se subordine a él de la peor manera; en síntesis, el *statu quo*. O más aún: la literatura sería un sistema de una complejidad tal que su pasaje al territorio del cine no contemplaría más que pérdidas o reducciones, o limitaciones que desequilibrarían su entidad. El cine como *electroshock* o como píldora tranquilizante de la literatura. Este lugar común, en realidad, es una reducción al absurdo, por cuanto de las dos disciplinas –literatura y cine– la que carga con una inscripción o tradición académica más extensa, si no más notoria, es la literatura y no el cine. Esto, más allá de que algunos teóricos –Noël Burch, David Bordwell– pensaran cierto período específico de la historia y el consumo del cine a partir de un modelo institucional.

La palabra "adaptación" tiene también una implicancia material, porque se trataría de una adecuación de formatos o, si se prefiere, de volúmenes. La cuestión se plantea en términos de que el formato de origen –literatura– "quepa" en el otro formato –cine–: que uno se ablande para "poder entrar" en el otro, que adopte la forma del otro. La literatura estaría representada por el formato duro que pierde sus rasgos característicos, su especificidad, en una maquinación conspirativa que aspira a destruir su autonomía.

Pero esta discusión, que simula ser terminológica, en verdad se centra en los problemas, sentidos y efectos de una cierta operación. La discusión sobre el término que designa esta operación de pasaje de la literatura al cine revela una problemática. Muchos ensayistas y teóricos especulan con la idea de "traslación" y terminan en el término "traducción", para poco después arribar a "adaptación", o a la menos vaga, pero no demasiado precisa, idea de "hacer una versión".[1] Otros estudios optan por usar el término "transposición" como un cierto tipo de trabajo de adaptación, diferenciándola de la ilustración o la interpretación.[2] Desde mi punto de vista, la denominación más pertinente es la de "transposición", porque designa la idea de traslado pero también la de transplante, de poner algo en otro sitio, de extirpar ciertos modelos, pero pensando en otro registro o sistema.

Sin embargo las más o menos sinuosas denominaciones de la transposición no hacen más que ponerle palabras a un vínculo que está en el comienzo mismo del cine, más allá de que los antecedentes de los primeros filmes de los hermanos Lumière se hayan buscado en la pintura y no en la literatura. De todos modos, nunca es ocioso repetir que la literatura, por ser el modo de narración dominante hasta el siglo XIX, sirvió desde los orígenes del cine como proveedora de historias, aunque luego pueda discutirse qué clase de historias se pensaba que debía suministrar al cine. Pero mientras el cine se constituía como lengua o lenguaje –según la discusión teórica lanzada por Christian Metz, aún irresuelta–, ya en la primera década del siglo la literatura mantenía con el cine una primera y lógica relación: la de ser una fuente de argumentos.

El caso pionero de David W. Griffith es ejemplificador por un doble motivo. Fue Griffith quien pensó en las potencialidades del aparato cinematográfico, y de allí extrajo, o dedujo, las cuestiones clave del lenguaje del cine, como los distintos tamaños de plano en función de las necesidades dramáticas específicas, y como resultado, el rol fundamental del montaje o, al menos, las relaciones significantes entre

---

1. En su trabajo *Las versiones fílmicas. Los discursos que se miran* (1994), Luisela Alvaray apunta, acertadamente, que la palabra "adaptación" o la idea de "hacer una versión" se fundan en la dificultad de establecer en el cine una gramática tan normativizada como la de la lengua verbal. Alvaray dice que ahí radica la voluntad de utilizar los distintos recursos de que dispone el cine "para atrapar un sentido".

2. Sánchez Noriega, José Luis: *De la literatura al cine*, Barcelona, Paidós, 2000, págs. 64-66.

los planos.[3] Lo hizo impulsado por el interés en sustituir los procedimientos con que narraba la literatura por los de la nueva máquina de escritura que era la cámara cinematográfica. Si Michel Foucault sostenía que la literatura está hecha de fábulas dichas en un lenguaje que es simulacro, el razonamiento de Griffith respecto del cine no parece inapropiado.

Los escritos de Griffith sobre la literatura de Charles Dickens y su relación con el cine son, en este sentido, evidencias cristalinas de esa reflexión, y así lo entendió su contemporáneo Serguei Eisenstein, cuyo notable texto *Cinematismo* se inicia con la discusión del problema de la especificidad literaria y la cinematográfica, para luego seguir ya de manera explícita con la cuestión de las equivalencias entre ambas disciplinas, analizando el "caso Dickens-Griffith".[4] (Ya volveremos sobre las ideas centrales de Eisenstein en esos textos.) Lo cierto es que esta idea o intuición de Griffith ubicaba al cine como aquello que venía a reemplazar a la literatura como modo de narración dominante, exponiendo una concepción del cine que va a mantenerse en toda su historia, y contra la cual van a luchar los cineastas denominados *modernos* y cierta zona de la producción teórica.

Al mismo tiempo que pensaba las equivalencias, Griffith ya consideraba la literatura como material del cine, desde varios años antes de *El nacimiento de una nación*, entre 1908 y 1912, entendiéndola como modelo o molde en *La canción de la conciencia*, sobre un poema de Robert Browning, o sobre una novela de Jack London en *El llamado de la selva*, o bien sobre un relato de Robert Louis Stevenson en *El club de los suicidas*, o con Guy de Maupassant en *El regreso del hijo* o *El collar*, o con James Fenimore Cooper en *Al estilo mohicano*, o sincretizando dos cuentos y un poema de Edgar Allan Poe en *La conciencia vengadora*, por citar sólo un puñado de más de una decena de casos que contemplaron versiones de Tennyson a Mark Twain, de O. Henry a Víctor Hugo o Tolstoi. Más aún: en esos primeros trabajos las transposiciones se cuentan por decenas, y luego de ese período inicial, Griffith filma casi exclusivamente argumentos originales escritos para el cine.

Ese "lugar" que el cine le confirió a la literatura –el de proveedora de argumentos–, se mantuvo durante toda su historia, buscando in-

---

[3]. Dominique Villain discute que deban atribuirse a Griffith todos los inventos del lenguaje cinematográfico, aunque sí la revolución del *découpage*. (Véase Villain, 1997, pág. 126.)

[4]. Véanse en Eisenstein (1982) los capítulos "Cine y literatura (Sobre lo metafórico)" y "La historia del gran plano a través de la historia del arte".

corporar textos con mayor o menor espesor literario, con mayor o menor valor académico, con mayor o menor relevancia en el mercado. La idea que prevalece es la que define al cine como un arte espurio ocupado en popularizar, divulgar o simplemente alterar la historia o el mundo creado por el escritor.

La idea de que las relaciones entre la literatura y el cine obligan a referirse al "origen" es la que motivó que el problema de la transposición fuera pensado a partir de la literatura. Así, la transposición deviene en un acto que pareciera tener sentido analizar solamente si existe un valor literario primero. Por eso, los trabajos sobre transposiciones se ocupan, indefectiblemente, de versiones de textos cuyos autores tienen un "valor literario", cuando no un "valor literario de mercado". De allí que el mundo anglosajón se ocupe de la multitud de versiones sobre obras de Henry James o Joseph Conrad, o de las menos numerosas de William Faulkner, Paul Bowles y hasta Paul Auster. O que en Latinoamérica lo hagan sobre transposiciones de Jorge Luis Borges, Juan Rulfo, Julio Cortázar y Gabriel García Márquez. O que en la Europa contemporánea se centren en Günter Grass, Umberto Eco o Antonio Tabucchi.

Que después de un siglo la transposición perviva como método casi infalible para narrar historias en el cine, más que sorprender obliga a repensar el problema y a poner en discusión la tiranía de las letras como abanderada indiscutible del análisis de las transposiciones. La práctica de la transposición excede en mucho al valor literario de los textos de origen. Porque en rigor es al revés: la norma general, casi un lugar común por su infalibilidad, es que la transposición tenga efectos rigurosamente vigilados e inversos al valor de origen, por lo que materiales canonizados por escritores y teóricos derivaron en películas pobres, e inversamente. Como ejemplos de un presunto "valor literario destruido por el cine" cabe mencionar *Romeo y Julieta*, de Franco Zeffirelli, y *Otello*, de Oliver Parker, sobre Shakespeare; o la versión de *Ulysses*, asestada por Joseph Strick sobre la novela de James Joyce; o *Santuario*, de Tony Richardson, sobre la novela homónima de William Faulkner. En cambio, como ejemplos de "la carencia de valor literario reinventado por el cine", pueden citarse *Psicosis*, de Alfred Hitchcock, sobre la *nouvelle* de Robert Bloch; o *Ese oscuro objeto del deseo*, de Luis Buñuel, sobre el libertino relato de Pierre Louys; o la biografía de Jake La Motta devenida *Toro salvaje*, de Martin Scorsese.

Los tipos de abordaje

De seguir esta línea, entonces, queda por concluir que, por un lado, la transposición es un trabajo, y eso obliga a pensarla más como un abanico de problemas a resolver que como un puñado de resultados a examinar. Es notorio también, por otro lado, que la transposición es un desafío más del cine que de la literatura; es más una cuestión de usos y prácticas, de apropiaciones y molicies, de las maneras con que se piensa el cine más que de las maneras con que se piensa la literatura.

En este sentido, a la pregunta sobre cuáles son las maneras en que se suele reflexionar sobre la transposicón, lo primero que puede decirse es que las dificultades que supone son siempre propias e inseparables del material que se está manipulando, que a su vez están entrelazadas con el concepto cinematográfico de quien o quienes la están realizando. Pero que el acto de transponer sea un paisaje siempre renovado y único no quiere decir que los modos de reflexionar sobre las transposiciones no presenten invariantes, o presupuestos recurrentes que animan el debate y las distintas posturas acerca de ellas. Esos modos de leer los casos de transposición podrían sintetizarse –tentativa, provisoriamente– en ciertos grupos abarcativos.

a) El análisis de la transposición tiene un valor previo, dado por el valor del escritor

La aceptación de cualquier canon literario –los hay locales o universales– conduce a pensar el problema de la transposición como una desgracia inevitable, nacida del afán mercantil que se encuentra en el corazón del cine en tanto parte nuclearmente dinámica de la industria del entretenimiento. Afán mercantil contra el cual los escritores no tendrían más remedio que estrellarse, toda vez que el cine recurre a ellos para aprovisionarse de historias o argumentos.

De tomar como referencia un presunto canon literario argentino –que bien pudiera aplicarse a las tradiciones críticas de otros países–, se podría pensar la cuestión a partir de algunos casos-testigo, como el de dos cuentos que fueron trasladados al cine argentino casi al mismo tiempo, entre 1961 y 1962: *Hombre de la esquina rosada*, de Jorge Luis Borges, devenido película homónima de René Mugica, y *Los inundados*, de Mateo Booz, cuya película dirigió Fernando Birri. Mientras que la versión sobre el cuento de Borges ocupó la atención crítica y teórica en su momento y con el transcurso de los años, la versión so-

Los inundados, Fernando Birri

bre el cuento de Booz sólo fue tenida en cuenta como punta de lanza de un movimiento que buscó tensar la cuerda del realismo en el amortajado cine argentino de aquel período.

Esta asimetría en el caudal de textos generados sobre sendos casos de transposición nace, visiblemente, del "valor" literario desigual de Borges en relación con el de Booz, pese a que, para pensar el acto específico de transposición, las operaciones realizadas en el caso de Booz sean más atractivas que en el de Borges. En el filme *Hombre de la esquina rosada* la opción era conseguir un relato más bien académico, pudoroso a la hora de manipular el texto, manteniendo el centro de los narradores del relato, los personajes y el tono general, aplicándoles una mera reubicación de época como marco de la historia. En el filme *Los inundados*, en cambio, hay menos veneración que apropiación, imprimiéndole al cuento de Booz un sustantivo trastocamiento de tono, pasando de lo que podríamos denominar como costumbrismo descriptivo del original al grotesco político de la película, cruzado con el referente de *cinéma vérité*, o de lo que en esa época se denominó "estética de filme-encuesta". Sin buscar detenernos de manera exhaustiva en ambas transposiciones, estos dos casos ejemplifican la cuestión porque alumbran, o ponen al descubierto, el peso del canon literario al realizarse abordajes sobre el tema.

El canon literario es quien dictamina de qué transposiciones hay que ocuparse, partiendo del interés que supuestamente reviste la obra y el espesor simbólico del mundo literario y personal del escritor. Así, los filmes –el resultado de las operaciones de la transposición en un otro lenguaje específico– no tienen más valor que el de delimitar la presencia o ausencia de esa escritura primaria. No es frecuente que ocurra lo contrario, es decir, que la transposición se considere valiosa por la obra y el espesor simbólico, estético y personal del cineasta, aunque ese cineasta se llame Orson Welles, Alfred Hitchcock, Claude Chabrol, Charles Laughton, Jean-Luc Godard, David Cronenberg o Pedro Almodóvar.

Si la obra de un artista se evalúa por la manera de trabajar los materiales de su arte, la pregunta es por qué, en tanto artistas, parece tener siempre un mayor valor la obra de un escritor (digamos: Paul Auster) que la de un cineasta (digamos: Alfred Hitchcock). La respuesta más plausible que surge es que los trabajos sobre transposición están concebidos por escritores o críticos literarios que le asignan mayor valor a la escritura del escritor que a la del cineasta. Es por eso que en tales trabajos las películas, finalmente, ocupan un lugar de meros pretextos, olvidándose ese "otro mundo" y ese "otro lenguaje" que son los del cine, y descuidando el interés que revisten los procesos del trabajo en sí mismos y las cualidades intrínsecas que tienen esos procesos en tanto reflexiones sobre el lenguaje cinematográfico. Este punto habilita otra discusión, que es la de las "escrituras" de la literatura y del cine, discusión de la que nos ocuparemos más adelante.

b) El análisis de la transposición tiene sentido en tanto descripción de las "diferencias" con el texto original

La lectura de las transposiciones suele redundar en un camino inevitable que se ocupa de enumerar lo que el analista convertido en investigador entiende que son las pistas del delito: escenas que estaban en el texto y desaparecieron en la película, personajes que se llamaban, decían o eran de cierta manera y ahora se llaman, dicen y son de otra, el desenlace que era de tal forma y ahora es de otra, la acción que transcurría en un lugar y ahora se sitúa en otro. Tal como suele plantearse este problema, todo termina siendo como un juego donde quien analiza se erige en máquina punitoria, en perspicaz detector de mentiras y alteraciones, en el albacea de títulos de propiedad intelectual, en guardián afanoso de los textos, como si aprendiera reglas mnemotécnicas y las expusiera para su vano lucimiento.

Émulos del memorioso Funes de Borges o del Mr. Memory de Hitchcock, quienes realizan esta operación, a su vez, suelen propinar su metáfora sancionadora de orden moral, cultivando un léxico que fatiga palabras como "fidelidad" o "adulterio", sin una dimensión verdadera en el plano del análisis, sino exponiendo un juicio implícito que no se desprende de las herramientas utilizadas.

Este rumbo de trabajo sobre la transposición, en realidad, se agota en sí mismo porque sólo se ocupa de detectar, en un nivel cuantitativo e impresionista, las diferencias entre texto literario y película. Lo que está ausente allí es el motivo de las transformaciones, la especulación acerca de qué procedimientos se adoptaron y con qué objeto, los problemas intrínsecos del trabajo de transposición: el tono, la "sonoridad" literaria y cinematográfica de los diálogos, la posible o inviable traslación o modificación de ciertas descripciones, pensamientos y percepciones, el punto de vista que debe focalizarse de otro modo para que el espectador se identifique o distancie, la cuestión de la estilística literaria y sus equivalencias o callejones sin salida. El eje sería, entonces, definir la naturaleza de la obra literaria y la naturaleza de la obra cinematográfica.[5]

En este sentido, el tema de la fidelidad o el adulterio parece más bien sólo una apariencia de resolución, como si se tratara de una ruta que por tan transitada resulta ineludible, como si fuera un atajo que en rigor conduce a otro sitio, apartándose de la carretera principal, que es la del declamado análisis de la transposición de que se trate. La fidelidad o el adulterio de un texto convertido en película, por tanto, no son más que dimensiones morales, nunca ligadas a las especificidades y las problemáticas del tema.

La interrogación, entonces, debería centrarse en los motivos de los cambios y las persistencias, y en los efectos que producen. Es más: muchas veces quienes siguen los datos del texto original, quienes buscan ilustrar el material literario o seguir sus indicaciones o descripciones, están más lejos del espíritu del texto. Para decirlo de un modo más concreto y tomando dos ejemplos contrapuestos, se pueden pensar las dos versiones realizadas sobre la novela *La mujer de piedra*, de Ruth Rendell: *Una enemiga en la casa*, de Ousama Rawi, con Rita Tushingham, y *La ceremonia*, de Claude Chabrol, con Sandrine Bonnaire. Más allá de las asimetrías estilísticas que se desprenden de estos abordajes de la misma novela, lo interesante es, precisamente, el sentido o el criterio que entrañan las diferencias de transposición de Rawi y de Chabrol.

---

5. Estas cuestiones son trabajadas por Chatman, Seymour: *Historia y discurso. La estructura narrativa en la novela y en el cine*, Madrid, Taurus, 1990.

Isabelle Huppert y Sandrine Bonnaire en *La ceremonia*, de Claude Chabrol.

En la versión de Rawi –quizás por tratarse de un filme anglosajón sobre una novela anglosajona– se respetan con disciplina ciertos aspectos anecdóticos de la trama original, como el viaje de Gran Bretaña a los Estados Unidos, o la edad de la empleada analfabeta. Pero esa literalidad es formal y, por lo tanto, distante, ajena a lo que está contando, sin ninguna marca que busque penetrar en el universo de la autora, como si trasladara una novela en el sentido mecánico del verbo, sin caer en la cuenta de que se trata de un texto de Rendell, lo cual supone cierto mundo y cierto tratamiento particular de ese mundo. Se trata, en efecto, de una versión del género que toma a Rendell como pudo hacerlo con otras escritoras contemporáneas de relatos policiales, como Mary Higgins Clark o P. D. James, a partir de un relato "de género" del que se podaron las peculiaridades.

En la versión de Chabrol, en cambio –quizás por tratarse de un filme francés sobre una novela anglosajona– no es nítido el periplo inicial de la protagonista, ya que comienza sin mayores preámbulos, muy en el estilo del director, con el encuentro entre la dueña de casa y la que será su empleada doméstica, que a su vez es mucho más joven que lo indicado en el texto de origen. Pero siendo más infiel en su traspaso de los elementos anecdóticos, Chabrol duplica la fidelidad al original –siempre que esta palabra esté desprovista de toda implicancia moral– porque hay una visible afinidad de universos entre el suyo y el de Rendell, en la manera en que expande los momentos de suspenso respecto de si saldrá o no a la luz el encubrimiento de la protagonista. Para Chabrol, el centro no es la locura omnipresente de la doméstica, sino la manera oblicua y sinuosa en que esta "anormalidad" se hace visible, los modos imprevisibles que adopta esta irrupción frenética que, a su vez, es un mal del mundo y no del personaje. De allí que, si con razón siempre se ha dicho que el cine de Chabrol estaba emparentado con el de Hitchcock, este caso es una nueva confirmación de ese linaje, en la medida en que el modo de asociar al espectador con el punto de vista del demente sigue la lección de Hitchcock: cada vez que la doméstica está ante un texto escrito que debe leer obligatoriamente, esta concepción del suspenso se manifiesta en toda su perfección.

Este tipo de conexiones o diálogos entre la obra del autor y la del cineasta evita, de un solo golpe, calcular el porcentaje de diferencias entre el texto de origen y la película, y permite escapar de todo método estadístico para medir la transposición. Lo que se devalúa es esa vocación mecanicista a la que, dicho sea de paso, son tan propensos los catedráticos estadounidenses, quizás buscando un sendero más "fáctico" que el de las especulaciones siempre tan genéricas y panorámicas de los ensayistas franceses.

*c) El análisis de la transposición tiene sentido
cuando está circunscripto a los textos clásicos*

Más allá de cuál sea el meridiano que los fija como "clásicos", más allá de la época en que debe estar situado un texto para merecer tal condición, más allá de las discusiones que el término puede generar y que derivó en lúcidos apuntes –desde Ezra Pound a Italo Calvino–, el cine suele recurrir, por épocas y con intervalos irregulares, a lo que se ha dado en llamar los "clásicos literarios". Y las razones de esta insistencia quizás sean insondables, aunque es más probable que surjan del afán por recubrir esos filmes de una pátina de cultura alta, o al menos de lo que entiende por cultura alta la industria del cine en los Estados Unidos, pero también en Europa, por lo que la idea es aplicable tanto a las copiosas versiones sobre Shakespeare como a *Cyrano de Bergerac* (sobre el texto de Jean Rostand), o *Las alas de la paloma*, *Retrato de una dama* o *La heredera* (sobre los textos homónimos de Henry James), o *Las relaciones peligrosas* (sobre el texto de Choderlos de Laclos), o *Las afinidades electivas* (sobre el de Johann W. Goethe).

Buscando a Ricardo III. Al Pacino (director y protagonista)

Sin embargo, salvo en ciertas ocasiones ejemplares –casos recientes: *La reina Margot*, de Patrice Chéreau, sobre el texto de Alejandro Dumas, o *Buscando a Ricardo III*, de Al Pacino, sobre la pieza de William Shakespeare–, la transposición de textos clásicos frecuenta lo meramente decorativo o al menos la fidelidad maníaca, en un acto de respeto que los propios textos de origen desmienten.

Tomemos, por caso, las versiones sobre Shakespeare y el sentido que esas obras tenían al representarse por primera vez. No deja de ser un lugar común que la voluntad de Shakespeare consistía, muchas veces, en diseñar tramas donde se disolvían hechos reales de la historia reciente, y que los espectadores disfrutaban no sólo por el brillo y los múltiples sentidos que desplegaba su escritura poética sino también porque reconocían esos hechos como cercanos a ellos en el tiem-

25

po, porque de algún modo tenían noticia de ellos, y que estaban –cifrada o explícitamente– en las peripecias de las ficciones de Shakespeare. El juego que Shakespeare hacía con los hechos y personajes reales lo llevaba a incurrir en datos de rigor histórico vago o impreciso, pero también le permitía una conexión con los espectadores de aquellos tiempos.

Esto que podríamos denominar "la lección de Shakespeare" no es que nos lleve a pensar que mantener la ubicación histórica o contextual de las tramas de los clásicos convierte a esas transposiciones en materiales desprovistos de interés. En todo caso, el centro problemático se hace visible cuando se cree que seguir con precisión ciertas indicaciones del texto –entonación, modos lexicales, ubicación espacial de los personajes– dará como resultado una mayor cercanía al texto de origen y que, por carácter transitivo, proveerá al filme de un espesor estético mayor que otro que opta por "leer libremente" esas piezas canónicas, o que elige trabajar sobre textos que se presumen residuales de la literatura de masas. Por otro lado, quienes se proclaman defensores de la letra del texto, olvidan que Shakespeare leía libremente los hechos históricos, empeñado, en todo caso, más en diseñar un verosímil de relato histórico que en construir un texto didáctico de historia.

No es que se pretenda una exégesis de la parodia como criterio o método inequívoco para transponer los "clásicos". Pero si entendemos los clásicos como aquellos textos que se actualizan en cada lectura –como argumenta Calvino–,[6] entonces los modos de supervivencia no pueden ceñirse solamente al carácter nominal de la transposición, sino al tipo de trabajo realizado sobre sus zonas específicas, su universo ficcional, su dimensión dramática. Dicho de otro modo: si analizamos un caso como el de la directora Pilar Miró al hacer su *Werther* –sobre *Las penas de Werther*, que Goethe publicó a fines del siglo XVIII–, parece evidente que transplantar el texto a la contemporaneidad puede no ser su mayor logro, y quizás sí lo sea el modo de redefinir el género epistolar o el formato de diario privado del original.

Siguiendo esta línea de razonamiento, puede ocurrir que una obra adopte elementos sustantivos del texto "clásico" sin hacer una transposición en el sentido literal del término. En tal caso, permanece la filiación al texto de origen, más allá de que sean versiones no declaradas –así como se dice "propiedades no declaradas"–, o filmes que presuntamente no se inspiraron en ellos. Es lo que ocurrió con ciertas piezas

---

6. Calvino, Italo: *Por qué leer los clásicos*, Barcelona, Tusquets, 1995.

clásicas de Shakespeare –*Rey Lear, Julio César* y *Tito Andrónico*– transfiguradas parcialmente en *El padrino III*, de Francis Ford Coppola, o con *Anábasis* de Jenofonte, devenida en una fábula rock como *Los guerreros*, de Walter Hill. Pero de esta cuestión de las transposiciones encubiertas o enmascaradas –que debiera integrarse en toda formulación precisa del problema de los "clásicos"–, ya nos ocuparemos más adelante.

d) El análisis de la transposición tiene sentido porque permite vínculos con otros textos o marcos teóricos

Muchas veces, el abordaje del problema de la transposición es visto como una suerte de laboratorio para poner en circulación relaciones hiper, hipo, inter o transtextuales que se detienen en un capítulo del texto literario y un plano, o en una secuencia, o hasta en los carteles de créditos de un filme. Es evidente, desde hace muchos años, la autoconciencia de muchos estudios teóricos que comprenden la imposibilidad de agotar el examen de todas las lecturas y niveles de una obra. Pero esta presunta cientificidad fáctica –en el límite de algo con pretensiones de observación técnica–, esta clase de microscopía analítica cruzada con un *background* de marcos teóricos, pareciera tener más relación con las aficiones de lectura del ensayista, o con las exigencias de un sistema de puntuación académica, que con las pertinencias propias del tema.

Lo que en este caso queda oculto, nuevamente, es el proceso de trabajo y las implicancias materiales de las transformaciones de un soporte a otro. No es que se pretenda negar la dimensión teórica que conlleva el problema de la transposición, pero tampoco se trata de atenazarlo solamente dentro de un campo de pura especulación. Quizás se excedía Goethe al decir que la teoría es siempre gris y el árbol dorado de la vida es verde, pero ese juicio extremo puede ser un foco de alerta apto sobre los límites de la teoría entendida como cita vana, fatua o meramente especulativa.

La cuestión de la diversidad de disciplinas que parecen confluir y ramificarse alrededor del tema de la transposición, no debiera conducir al *self-service* teórico, a la idea de que todo puede ser parte del proceso de análisis. Si bien el territorio de la interpretación no tiene ni debiera tener límites (ya que sería desmentir el concepto mismo de interpretación), es imprescindible demarcar el espacio o enfoque de trabajo, de los interrogantes específicos de la transposición como zona a reflexionar. Para decirlo de otro modo, hay textos quizás insustituibles e iluminatorios, como *La imagen-movimiento* o *La imagen-*

tiempo, de Gilles Deleuze, o *El monolingüismo del otro*, de Jacques Derrida, o *La estética geopolítica*, de Fredric Jameson, o *Contra la interpretación*, de Susan Sontag, que pueden hacer fructífera una dimensión crítica y especulativa sobre los alcances y límites de la interpretación. Pero ciertos ensayos breves como *De las alegorías a las novelas*, de Jorge Luis Borges, o *Cine y literatura*, de Serguei Eisenstein, o *Book and Film*, de Marguerite Duras, o *A favor de un cine impuro*, de André Bazin, por tomar apenas algunos, quizás tengan un efecto mayor, o deriven en trabajos más específicos para un análisis preciso del problema de la transposición.

El hecho de que la transposición sea una zona fronteriza entre disciplinas motiva que existan diversos marcos teóricos afines, o que al menos aparezcan como más pertinentes o estimulantes para pensar cuestiones puntuales de la acción de transponer, como los que se ocupan de definir aspectos sobre dramaturgia, o narratología literaria y cinematográfica, o aquellos ocupados en discriminar los distintos tipos de guión. Pero también son pertinentes aquellos trabajos que dan cuenta del estilo literario de los escritores o del estilo cinematográfico de los cineastas. O aquellos que reconstruyen los procesos productivos de los filmes, en las vinculaciones entre los escritores y la industria del cine. O aquellos que apuntan a la especificidad de la literatura o del cine como medios expresivos, o como disciplinas del pensamiento.

2. La transposición: problemas generales y problemas específicos

Problemas generales

El tema de la literatura y el cine es el de la relación imposible y destinada al fracaso, como una variación –parafraseando a Maurice Blanchot– del mito de Orfeo y Eurídice. Pero también es pura fatalidad si se piensa en la literatura y el cine como si fueran los equivalentes de Bouvard y Pècuchet, como epígonos de los planos experiencial e ideal, si se piensa este vínculo como la posibilidad de detectar una zona incontaminada. Aunque si seguimos especulando, quizás las relaciones entre la literatura y el cine puedan ser más homologables al vínculo entre Stan Laurel y Oliver Hardy. Analogía ésta que por el recurso que ellos llevaron al extremo –el llamado *slow burn*, o incendio lento– podría ser una figura posible, un equivalente del efecto que suele producir el cine sobre la literatura, entendiendo que Laurel (el cine) va encrespando el humor de Hardy (la literatura), hasta desencadenar un estallido que termina por demoler todo lo que halla a su paso.

Por eso, más allá de las paráfrasis y analogías, lo que queda es siempre examinar el tipo de vínculos que se establecen entre las dos disciplinas. Y una primera condición esencial quizás sea comprender que el único modo de pensar la literatura y el cine es despojándolos de toda atribución positiva o negativa, extirpar la discusión de toda jerarquización entre origen y decadencia. Precisamente, esta distinción entre origen y decadencia es la que termina conduciendo a pensar la transposición a partir de la idea de que es igual a una traducción, o de que es igual a una traición.

El problema que suscita la idea de que transponer equivale a traducir es que una traducción implica creer que siempre hay equivalencias entre los lenguajes, que se trata de encontrar palabras que tienen su análogo, que quieren decir lo mismo sólo que en otro idioma u otra lengua. Es cierto que toda traducción implica una zona de libertad, donde a menudo quien trabaja sobre el texto introduce criterios propios o pone en evidencia la manera en que ha leído el escrito, o la manera en que ha leído al autor, o la manera en que se relaciona con ambas lenguas. Y también es cierto e inevitable que esos reemplazos de una palabra por otra son siempre modos de alteración del material de origen. Pero el acto de traducir es posible cuando se está en una misma disciplina, trabajando sobre un mismo código: el de la palabra escrita.

Hablar de traducción, por otra parte, supone un vínculo irremediablemente sumiso con el libro original, más allá de que el traductor puede intervenir sobre ese libro ajeno, hacerlo propio con el agregado de prólogos o notas aclaratorias, como cuando los traductores de J. D. Salinger detallan los juegos fonéticos que el autor hacía con el nombre de su personaje Seymour Glass. O incluso pueden brillar, incorporando un concepto que no estaba en el original pero que delata una lectura singular, como cuando José Bianco tradujo el título de la novela *The Turn of the Screw* como *Otra vuelta de tuerca*. De todos modos, más allá de esa clase de intervenciones, el contrato tácito de una traducción seguirá consistiendo en mantener hasta donde se pueda la letra preexistente.

Por estas razones no es pertinente hablar de traducción como sinónimo de transposición. Porque, como se verá más adelante, no se trata ni de una misma disciplina o código (palabra escrita frente a imágenes y sonidos) ni de que el filme sea sometido contractualmente a ese origen (porque no son dos lenguas del mismo formato, sino dos formatos). Toda transposición requiere al menos una franja de independencia que podrá ensancharse o angostarse según el criterio elegido, pero que es consustancial a la operación misma de transponer.

Por otro lado, está la idea de la transposición como traición, como si el pasaje del texto literario a la pantalla fuera siempre el resultado de la calculada perfidia que el cine inflige a la literatura. Una perfidia que sólo busca reducir los alcances del libro, jibarizarlo o despojarlo. Esta visión de que transponer es traicionar nos lleva a pensar en las pérdidas. Con hábito y ligereza se habla de las pérdidas del texto, en especial cuando se trata de literatura con una –por llamarla de algún modo– estilística singular. Es así que Karel Reisz, hablando de Hemingway y Faulkner, decía que esa "pérdida estilística" debía tener una compensación, es decir, algo que el cine debiera reponer por lo que quita o altera del original, y que esa "sustitución" debiera ser una creación con los materiales del propio medio.[1]

Podría acordarse con Reisz en que el cine debe crear con los materiales de su propio medio, pero no por aquello de sustituir lo perdido, porque eso sería como poner al cineasta en el lugar de un deudor eterno, que siempre está obligado a saldar una cuenta interminable, ya que una vez concluida la transposición –imaginando que hay acuerdo con el autor– al director aún le resta soportar los señalamientos de críticos y académicos, que podrán insistir con que el estilo ha perdido sus singularidades y que las sustituciones no alcanzan a reponer esa presunta fuga de belleza ocurrida en el pasaje. La obligación de sustituir para no traicionar es como una variación del pacto que suscribe un traductor, porque supone el deber de encontrar equivalencias, sólo que entre disciplinas o códigos que difieren, y en caso de no hallarlas, o de optar por no hallarlas, le espera una sanción del tamaño de la pérdida, como si debiera pagar una suerte de indemnización por lo hecho.

Frente al fantasma de la traición y las pérdidas de singularidad, intentando evitarlas, muchos escritores creen que participar del proceso de transposición les permitirá ahorrarse esas amarguras. Pero esa participación de los escritores no es siempre –no ha sido siempre– garantía de precisión en las transformaciones necesarias o precisas. Todavía resuenan las estridentes relaciones de William Faulkner y Raymond Chandler con los directores y productores de ocasión, cuando ocuparon el rol de guionistas. Por eso, en distintas épocas y situaciones, otros autores se adelantaron a lo que pudiera suceder y establecieron o idearon pautas posibles. Es lo que se desprende de las notas que añadió Henry James y hacen de coda a *Retrato de una dama*, y que resultan reveladoras si no fueran un sorprendente efecto de videncia. Escritas en 1881, quince años antes de la invención del aparato cinematográfico, en esas líneas memorables que parecieran soñarlo, James proporciona datos sobre personajes y situaciones, y hasta sugería "continuaciones" de su historia que, en algún caso, la directora Jane Campion adoptó con gusto para su versión de *Retrato de una dama*.[2]

---

1. Reisz, Karel: *Técnica del montaje cinematográfico*, Madrid, Taurus, 1990.
2. En el "Apéndice" –en rigor, parte de "Los cuadernos de trabajo" añadidos a la última edición española de *Retrato de una dama* (Barcelona, Emecé, 1996, págs. 536-537)–, dice Henry James: "Isabel se molesta por la intromisión de madame Merle, le pregunta qué tiene ella que ver con Pansy. Ante lo cual madame Merle, en cuyo pecho viene enconándose desde hace mucho tiempo el sentimiento de maternidad suprimido, y que tiene celos apasionados de la influencia de Isabel sobre Pansy, estalla con el grito de que sólo ella tiene derecho –de que Pansy es su hija. (Habrá que decidir más adelante si

Marguerite Duras en 1930-1932, época en la que transcurre *El amante*.

Simétricamente, otros escritores en vez de adelantarse respondieron no como es costumbre, quejándose de los resultados a través de escritos periodísticos, réplicas públicas o cartas encendidas dirigidas a productores atónitos o fáusticos, sino con otras obras o versiones que eran en sí un modo de discrepancia con la opción concretada en filme. Entre ellas, merece mencionarse la célebre polémica que tuvo por protagonista a Marguerite Duras con la transposición de su novela *El amante*, dirigida por Jean-Jacques Annaud. Y la particularidad de esta inusual respuesta –por otra parte, justificada al analizar el exangüe filme de Annaud– fue *El amante de la China del Norte*, donde Duras entregaba una novela en forma de guión cifrado, alusivo y meticuloso que destilaba las ideas de lo que debería haber sido *El amante*, de no mediar, según sus propias palabras, un director como Annaud.

---

esta revelación debe hacerla la propia madame Merle o la condesa Gemini. Mejor por muchas razones que sea la segunda; pero también de esa manera pierdo la «gran escena» entre madame Merle e Isabel.)" De este ejemplo, que contiene dos opciones, es evidente que la directora Jane Campion eligió la segunda, que era más interesante.

La idea de la transposición como traición recorre la historia de la literatura y sus conexiones con el mercado, pero también las relaciones de la literatura y el cine en tanto soportes específicos y diferentes. Más aún: la industria del cine estadounidense inventó una categoría de guionista que se distingue entre la selva de nomenclaturas y jerarquías: el *adapter*. La función de este personaje sería la de "adaptador de relatos literarios". Esa pretensión absurda parte de una lógica de mercado que supone que puede existir algo así como un "especialista en transposiciones" –más que *adapter* debiera llamarse *transposer*–, como si fuera una variación desarmada del negociador que hace rendir a los asaltantes en un banco, como si no existieran peculiaridades y cercanías de sensibilidad entre ciertos guionistas y ciertos escritores afines a sus preocupaciones. La existencia de un profesional "adaptador" pretende eliminar toda afinidad, reducir su tarea a una función meramente quirúrgica, que se ocupa de intervenir sobre la obra literaria trasladando como sea –cual si fuera una cuestión de volúmenes– un texto literario a un guión cinematográfico.

Esta función del *adapter* busca confirmar la idea de que el estilo de los guionistas, a menudo dedicados a pensar las transposiciones literarias, carece por completo de importancia. Viene a decir, una vez más, por si hiciera falta, que un guión es hipótesis, o bien literatura degradada, o provisional, o en tránsito.[3] Eso lleva muchas veces a minimizar el trabajo de escritura dramática y poner en igual condición a unos guionistas y a otros. Y no hay duda de que en muchos casos es cierto, así como hay quienes logran imprimir una singularidad a la estructura, a los diálogos, al tono y a las situaciones elegidas, por propia cuenta o partiendo de sus afinidades con los escritores que eligen transponer (o para cuya traslación son elegidos).

En ciertos casos puede hablarse de guionistas con un estilo, o por lo menos con una personalidad, o una clase de escritura que se despliega más allá de los cineastas que dirijan esos proyectos. Son notorias las simetrías y la circularidad en David Mamet, el juego con lo místico y lo mítico en Curt Siodmak, la uniformidad verborrágica de todos los personajes en Rafael Azcona, el trabajo sobre las múltiples formas del ocultamiento en Harold Pinter, la manera de edificar situaciones extraordinarias para las tramas amorosas en Don Stewart, el modo de plantear dilemas éticos abstractos en personajes a contrapelo de su tiempo en Robert Bolt, la velocidad e ironía de las réplicas en Ben Hecht, o las inevitables y perfectas inversiones fantásticas de

---

3. VV.AA.: *El guión cinematográfico*, Santa Fe, Universidad Nacional del Litoral, 1991.

Richard Matheson. Esto más allá de que pueda existir un cierto "estilo literario" cuando los guiones fueron realizados por escritores con un estilo propio e intransferible, como de hecho ocurrió, a veces, con Jorge Luis Borges, William Faulkner, Marguerite Duras o Paul Auster, o incluso con poetas como Pier Paolo Pasolini o Jean Cocteau.

a) La especificidad: los puentes entre el texto y el filme

La pregunta sobre qué tienen en común y en qué difieren la literatura y el cine conduce a la noción de especificidad. Pero el hecho de que un medio (el texto literario) opere sobre la lengua como sistema de códigos, normas y convenciones instituido, y otro (el filme) lo haga sobre cierto tipo de codificación y convención que es dinámico porque depende del contexto en que se inserta, lleva a pensar que hay una raíz de la que surgen más distancias que cercanías. Para decirlo de otro modo: las palabras remiten, representan o reenvían a las cosas, y lo único que *está ahí* son ellas mismas, aunque por su uso puedan conformar cierto sistema específico, metafórico o simbólico; las imágenes y los sonidos, en cambio, *son* las cosas, *esas* cosas, aunque esas cosas representen a otras, o aunque por el tipo de vínculo que mantienen entre sí puedan adquirir un estatuto específico, si se quiere metafórico, simbólico. Por lo tanto, si la discusión se concentrara sobre las palabras confrontadas con las imágenes y los sonidos, sería un dilema absurdo, por tratarse de sistemas disímiles, y no de sistemas análogos, como cuando hablábamos de la traducción de un texto de un idioma a otro.

Poder comprender la especificidad de cada una de las disciplinas es un punto de partida para pensar las zonas compartidas pero también las zonas diferenciadas. El acto de transponer un texto al cine debe interrogarse sobre si son factibles ciertos procedimientos que pueden hacer de puente entre códigos, así como se dice que todo puente une espacios o lugares distintos y autónomos.

Pero esos puentes deben ser creados por y para el filme, porque de no ser así volveríamos mecánicamente al sistema de las equivalencias, y podríamos llegar a creer que es posible inventar una taxonomía. Es un hecho feliz que, pese a los insistentes esfuerzos por detectar regularidades, por sistematizarlos y codificarlos, o embutirlos en fórmulas, esos puentes no pudieran erigirse en modos de traslación inefables, genéricos ni universales. No hay manera de entender esos procedimientos como normativos, como lugares por los que se debe pasar si se pretende obtener seguridades. Para explicarlo, podríamos examinar dos aspectos problemáticos recurrentes: el del relato en primera persona y el de las descripciones.

Ante un relato literario en primera persona, la normativa indicaría que una profusión de tomas subjetivas y una apelación a la voz *off* del narrador resolverían esa dificultad material. Pero la versión que Robert Montgomery hizo de *La dama del lago* puso al descubierto que la sistematización de las tomas subjetivas, junto con la inclusión fidedigna de una voz en primera persona, no garantiza que nos instalemos en el punto de vista de Marlowe, sino que nos aleja de él; mientras que la versión que Luchino Visconti hizo de *Senso* extrajo muy pocos pasajes del cuaderno en primera persona de Livia y casi no apeló a tomas subjetivas, sino que eligió una puesta en escena distanciada, con preponderancia de planos generales, como si estuviéramos en un teatro lírico viendo una ópera, pero logró una cercanía con el personaje que Montgomery no había podido conseguir.

Ante un relato literario que frecuente las descripciones, la ortodoxia totalitaria quizás sugeriría, por ejemplo, que la cámara realice una panorámica si se trata de un paisaje, o que el realizador haga una sucesión de planos detalle que intenten integrarnos a ese lugar. Pero en el texto ese paisaje era visto por el autor –o por el narrador– de una cierta manera, no desde un lugar exterior, turístico o neutral, sino desde una perspectiva subjetivamente singular, y allí es donde podemos decir que triunfaba el plano fijo bellísimo (por demorado) del mar en el filme *El desprecio*, de Jean-Luc Godard, aunque no se viera la espuma blanca que describía Alberto Moravia en la novela; mientras que cierta fragmentación de planos detalle del paisaje en el filme *El amante* aparece como decorativa, como el intento por atrapar la arena que se escurre entre los dedos del director.

Aunque volveremos más adelante sobre estos problemas específicos de la transposición, valen para comprender que el hecho de pensar esos puentes entre disciplinas no quiere decir que éstos estén construidos de antemano, porque cada caso de transposición se enfrenta con problemas específicos y únicos. Por eso el tema de las equivalencias puede ser útil para detectar dificultades y poder pensarlas, más que para aplicar soluciones que se supone funcionaron en otros casos. Y las equivalencias no implican un decálogo porque los modos de lectura –como toda experiencia– difieren entre sí por tratarse de escritores y cineastas con poéticas intransferibles de la literatura y del cine.

Discutir las equivalencias como decálogo normativo no implica una voluntad amnésica: hacer como si la historia del cine jamás hubiera existido, como si quien realiza una transposición partiera de cero, o como si los resultados o trabajos anteriores no sirvieran para aprender viendo cómo otros resolvieron ciertos problemas de una manera satisfactoria, elegante o perspicaz, inventando esos puentes. Como cuando Harold Pinter inventó procedimientos narrativos análogos en complejidad al escribir el guión de la novela *La amante del teniente francés*, de John Fowles, para que la dirigiera Karel Reisz. Es crucial poder entender las equivalencias como el fruto de imaginar un futuro, que es el filme en tránsito de hacerse, y no el fruto de una mecánica vuelta al pasado, que es la obra literaria o los filmes anteriores.

b) Las zonas compartidas

Es claro que el nacimiento de una película puede originarse en los materiales menos imaginables, aunque suela darse por sobreentendido que cuando se inspira en la literatura debe hacerlo a partir de ella en sus formas narrativas convencionales (lo que motivó que Jean-Luc Godard ironizara acerca de este lugar común, sosteniendo que quería hacer una transposición de *El capital* pero tropezaba con el exceso de acción que tenía). Siguiendo esta línea, puede inferirse que un filme haya nacido inspirado en una pintura o una fotografía, y no sería descabellado pensar que fueron las pinturas de Francis Bacon las que impulsaron a Bernardo Bertolucci en *Último tango en París*, o la fotografía como arte del plano a Chris Marker en *La jetée*. Pero cuando se habla del origen de una transposición, habría que pensar que el cineasta lo encuentra donde conviven la obra literaria y el filme, ya que ambos medios se le aparecen imbricados, no por sus incompatiblidades sino por aquellos rasgos que intuye que los conectan.

Ese material propicio para hacer a partir de él un filme, de todas maneras, no tiene por qué estar inscripto *sine qua non* en un tipo de escritura, género o discurso. David W. Griffith y Roger Corman, por ejemplo, hicieron películas tomando poemas de Robert Browning y Edgar Allan Poe, mientras que Alan J. Pakula y Jorge Cedrón hicieron lo propio con los textos de investigación periodística de Bob Woodward y Carl Bernstein y con el de Rodolfo Walsh. Por su parte, Marco Ferreri trasladó ciertas zonas de un ensayo de antropología cultural de Craig Owens; el propio Edgardo Cozarinsky trabajó sobre los diarios de Ernst Jünger, y Bob Fosse y Martin Scorsese rodaron filmes sobre las biografías de Lenny Bruce y Jake La Motta. De todos los modelos posibles, sin embargo, la narrativa literaria siempre mantuvo su hegemonía como disparadora de proyectos cinematográficos, y las razones de dicha hegemonía debieran rastrearse en la potencialidad de narrar ficciones que le es atribuida a ambos medios, al menos mayoritaria o industrialmente.

El problema no está en pensar la literatura y el cine en tanto soportes aptos para narrar ficciones, sino en qué clase de ficciones se está pensando al creer que un relato literario puede transponerse al cine. Con frecuencia, cuando el cineasta imagina un filme a partir del texto literario que está leyendo, piensa en un relato de narrativa tradicional o clásica, con cierta idea preconcebida de la literatura y el cine: la de que existen algunos escritores o relatos más cinematográficos que otros. Y aunque no se refería nominalmente a cuestiones como la dramaturgia o la estructura del relato de ficción, Serguei Eisenstein ya embatía contra esta noción de que habría textos o escritores más "cinematográficos" que otros, cuando afirmaba que esa vecindad entre escritores y cine no implica una garantía de valor para los filmes. Valiéndose de escritos de Leonardo Da Vinci que datan del Cinquecento y que describen las imágenes posibles de una batalla, Eisenstein cuestionaba que el cine se hubiera inventado para dar cuenta de lo que denomina "tramas intensivas" –relatos de dramaturgia tradicional, en otras palabras–, y sostenía que de ese modo se anulaba la propia especificidad del cine como un lenguaje que, según entendía, estaba en la idea de montaje.[4]

Pero aunque Eisenstein discutía las especificidades de cada medio, nunca dudaba –y de ahí su admiración por Griffith– de que ambos eran medios propicios para narrar ficciones. Y no tenía dudas sobre eso, porque tanto la literatura como el cine tienen la cualidad de poder representar desarrollos en el tiempo, lo que no es posible en disciplinas esencialmente espaciales, como la pintura. Esa cualidad de representar desarrollos en el tiempo, ese carácter de lo que es sucesivo, hermanaría a la literatura y el cine con la música, con la salvedad de que ésta no puede narrar ficciones a menos que se alíe con alguna de las otras dos disciplinas (por ejemplo con la literatura, como se puede advertir en el caso de la ópera). Es claro que tanto la pintura como la música pueden *sugerir* una historia posible, pero nunca darle existencia material, nunca *narrar* esa historia.

Por eso cuando se habla de narrar ficciones –cualquiera sea el modo en que se haga–, lo que prevalece es el concepto de historia o

---

4. Eisenstein, Serguei: "Cine y literatura (Sobre lo metafórico)", ob. cit.

story. ¿Qué se entiende por una historia? Paul Ricœur la define con una precisión envidiable:

> Una historia describe una serie de acciones y de experiencias llevadas a cabo por algunos personajes reales o imaginarios. Dichos personajes son representados en situaciones que cambian, es más, reaccionan al cambiar éstas. A su vez, esos cambios ponen de relieve aspectos ocultos de la situación y de los personajes, y dan lugar a una prueba o a un desafío (*predicament*) que reclama un pensamiento, una acción o ambos. La respuesta que se dé a dicha prueba supondrá la conclusión de la historia.[5]

Por lo tanto, una primera gran zona de contacto entre cine y literatura es la que vulgarmente se conoce como la de los contenidos de la historia y sus componentes materiales.

De la noción de historia se desprende la de estructura narrativa, que han sistematizado el estructuralismo, la semiología, la mitología comparada –desde Joseph Campbell a Northrop Frye, o a su seguidor Frank McConnell– y todas las corrientes dedicadas al análisis de los problemas de la narración, a partir de la literatura aunque no solamente, como se ve en el trabajo que han venido realizando André Gaudreault y François Jost. Esa zona de rasgos comunes puede notarse en que todas las variantes teóricas sobre el guión cinematográfico –con base en Eugène Vale, Michel Chion y el luminoso texto de Francis Vanoye– trabajan estableciendo un vaivén permanente entre la literatura y el cine, con cruces entre el instrumental de una disciplina y el que singulariza a la otra.

Esa zona de comunión se puede representar, incluso, con la típica situación imaginaria del cineasta que se encuentra con otro y le comenta que ha descubierto una novela que desearía hacer en cine, por lo que el otro le interroga acerca de qué se trata esa historia. Pero la noción de historia o fábula implica también la noción de personajes, ya que todavía no ha sido posible inventar historias sin personajes, aunque éstos sean objetos dotados de antropomorfismo, como ocurre en ciertos filmes experimentales o en el cine de animación. Y la tipología de los personajes –entendidos como paradigmas de rasgos– es consustancial a la de historia.

La tipología de éstos pertenece a las zonas compartidas, ya se trate de *personajes planos* o de *personajes esféricos*, según la feliz definición teó-

---

5. Ricœur, Paul: "Para una teoría del discurso narrativo", en Ricœur, 1999, pág. 92.

rica trabajada por E. M. Forster.[6] En todo caso, ya se trate de personajes *planos* –de un único rasgo o cualidad–, o *esféricos* –de una variedad contradictoria de rasgos–, si hubiera que identificar las diferencias entre el cine y la literatura, éstas no estarían en el concepto de personaje. Las diferencias habría que buscarlas, más bien, en que el personaje de la literatura es creado para ser leído y el del cine es encarnado por un actor para ser visto y oído, perdiéndose en el trayecto de la letra a las imágenes y sonidos aquello que el lector podía imaginar de o sobre él.[7]

La historia y los personajes, a su vez, terminan por definir la idea de que tanto la narración literaria como la narración cinematográfica construyen mundos autónomos, que han sido creados específicamente para sus propios medios. La idea de mundos autónomos –es decir, con un vínculo lábil con sus posibles referentes reales– es la que de algún modo cierra esta primera zona de los contenidos de la ficción.

La otra zona, justamente, es donde se presentan los mayores problemas tanto teóricos como prácticos: los modos de representación de cada medio o formato. Porque nadie duda de que ambos utilizan y se valen del lenguaje, que esos lenguajes presentan tipos discursivos y sistemas de puntuación, que afirman una concepción del punto de vista o la focalización, que tienen maneras particulares de ocultar o poner en evidencia estilos, o que articulan el sentido de su narración a partir de metáforas. El problema es que sus modos de representación difieren. Pero ése es un tema que merece ser analizado aparte.

c) Las zonas de conflicto: las escrituras y los estilos

Con ejemplar ironía, Guillermo Cabrera Infante se preguntaba por qué Remington no tuvo una película dedicada a su vida, o al menos consagrada a su invento de la máquina de escribir, y sí la tuvo Edison –dirigida en 1940 por Clarence Brown, con Spencer Tracy–, si en cada película, Remington, es decir la máquina de escribir, hace una visita a Edison, que equivale a la cámara cinematográfica. La idea sobrevuela el tema de la altivez del cine frente a su fuente de escritura, como es la máquina de escribir, y no deja de ser apropiada pese

---

6. Forster, E. M.: *Aspectos de la novela*, Madrid, Debate, 1995.
7. En su notable trabajo "La construcción del personaje cinematográfico", el ensayista Frank Baíz Quevedo traza una distinción extremadamente precisa y totalizadora de este problema (véase Baíz Quevedo, 1993, págs. 39-71).

a que la película *Barton Fink* pareciera un intento de homenajear si no a Remington, por lo menos a Underwood...

Lo cierto es que tras esa ironía se cobija el problema de los modos de representación, es decir, de las dos escrituras, que con frecuencia son pensadas antagónicamente. Sin embargo, Frank McConnell sostiene que hay una complementariedad entre ellas, no sólo en cuanto a las formas específicas sino al contenido de esas historias que el cine y la literatura están destinadas a narrar. McConnell dice:

> "[...] en la narrativa escrita comenzamos con la conciencia del héroe y tenemos que construir, partiendo de esa conciencia, el mundo social y físico que ese héroe habita, mientras en el cine la situación es inversa, porque el cine sólo puede mostrarnos objetos, cosas, personas. Nuestra actividad al mirar un filme consiste en inferir esa conciencia del héroe, ya que sabemos más".[8]

Esta afirmación de McConnell puede refutarse a partir del hecho de que ambas disciplinas se arriman o alejan según los conceptos que de ellas tengan determinados autores y cineastas. Si comparamos la literatura de Thomas Mann con el cine de Andrei Tarkovski, es probable que sepamos más del mundo del héroe de Mann que del construido por Tarkovski, mientras que si los términos de relación contemplan la literatura de Elmore Leonard con el cine de Claude Chabrol o Luis Buñuel, el conocimiento que tiene el espectador del universo del héroe es notoriamente inferior en el caso de la literatura. Y esto, a la vez, lleva a otra pregunta que debería preceder estas consideraciones: ¿qué significa "conocer" el mundo del héroe?

Esas asimetrías están relacionadas con la cuestión de las escrituras –la escritura literaria y la escritura cinematográfica– y la cuestión de los modos en que "escriben" los respectivos medios. Quizás por cierto desconocimiento de muchos críticos literarios –y a veces cinematográficos– de los problemas de enunciación en el cine, se tiende a creer que la escritura es sólo la literaria, o la que está relacionada con las palabras de los textos que se dicen en un filme, y no con la escritura específica del cine, realizada a través de todos sus materiales: el encuadre, el tipo de luz o imagen, los movimientos de cámara, la manera de cortar o cambiar de escena, la entonación de los actores. Eso es lo que se entiende por *escritura cinematográfica*, y fue claramente planteado por los teóricos Alexander Astruc y André Bazin, al sostener que los directores escriben

---

8. McConnell, Frank: *Storytelling and Mythmaking. Images from Film and Literature*, Nueva York, Oxford University Press, 1979, pág. 5.

directamente en cine, que ya no son –no eran– sólo competidores de pintores o dramaturgos, sino que se han igualado a los novelistas.[9] Tomemos dos ejemplos que –más allá de las asimetrías de toda índole– plantean cuestiones de "escrituras", tanto respecto del estilo como del formato en uno y otro medio.

Por un lado, si entendemos la escritura como un problema de estilo en el uso o trabajo con los materiales específicos de un medio narrativo determinado, el ejemplo del filme *El tiempo recobrado*, de Raúl Ruiz sobre el texto final de la "épica literaria" de Marcel Proust, se presenta como atractivo. Buscando instalar su película en la pura subjetividad del personaje –a través de cuyos ojos y pensamientos son percibidas las situaciones–, Ruiz utiliza todo el arsenal de recursos al servicio del tratamiento de la modernidad cinematográfica entendida como una yuxtaposición de tiempos: el tiempo recordado, el tiempo imaginado, el tiempo congelado, el tiempo soñado, el tiempo entrevisto.

Ruiz entiende como transposición no solamente el avatar de personajes y conflictos, sino un problema de raíz más áspera que consiste en cómo producir desfasajes en el fluir unívoco de imágenes y sonidos, cómo hacer para que el relato cinematográfico abandone sus coordenadas espacio-temporales definidas y se convierta en un perfecto laberinto. Si –como dice Gilles Deleuze– a Luchino Visconti no le hizo falta adaptar a Proust porque lo había hecho sin hacerlo literalmente, en el caso de Ruiz el procedimiento es opuesto, ya que ve en el propio texto de Proust la opción cinematográfica, quizás en ese párrafo del libro donde se lee que hay que obtener "la esencia común a dos sensaciones, reuniéndolas en una metáfora para sustraerlas a la contingencia del tiempo".[10] Esa idea de la unidad indisociable de sensaciones para la construcción metafórica va de la mano de otros recursos que confirieron a la obra de Proust la categoría de literatura moderna, por ejemplo –como apuntaba Vladimir Nabokov– la no distinción entre pasajes descriptivos y diálogos.[11] Pero así como extrae recursos "cinematográficos" del propio texto, puede decirse que el uso alternado de *tableaux vivants*, el vaivén perpetuo de sobreimpresiones y los continuos *travellings* envolventes y circulares son decisiones de Ruiz que nunca podrían inferirse del texto de Proust, por ser constitutivos del modo de representar del cine.

---

9. Véase al respecto Astruc, Alexander: "Nacimiento de una nueva vanguardia: la «Cámera-stylo», en Romaguera i Ramió y Alsina Thevenet, 1980, y Bazin, 1966.

10. Proust, Marcel: *En busca del tiempo perdido* (vol. 7, *"El tiempo recobrado"*), Madrid, Alianza, 1998.

11. Nabokov, Vladimir: *Curso de literatura europea*, Barcelona, Ediciones B, 1987.

Afiche publicitario de *La tregua*, de Sergio Renán.

Otro ejemplo es el de la novela y el filme *La tregua*, donde se presenta un problema muy interesante respecto de los formatos de la literatura y del cine. *La tregua* es una novela que casi podría definirse como de clausura de toda una literatura rioplatense –con Roberto Mariani como cultor emblemático– que en esta región del mundo convirtió la oficina en el espacio privilegiado con el cual sintetizar el hastío de la vida rutinaria y sin esperanzas. Es curioso, en este texto, que su autor Mario Benedetti optara por el formato del diario en primera persona para abrirnos las puertas del universo privado de Martín Santomé, con esa tristeza que de tan proclamadamente intensa termina por parecer casi indolora.

En todo caso, el modelo del diario íntimo le permitía a Benedetti estructurar la trama como una crónica más o menos sucesiva y más o menos arbitraria de acontecimientos sin demasiado brillo, confeccionada en base a una asimetría de días y volúmenes verbales que justificaba el desarrollo dramático y otorgaba al personaje y al lector una legítima libertad. Pero esa libertad del diario es al mismo tiempo una atadura, una correa que parece anudar el cuello del cineasta, conminarlo a que si se anima con el texto no podrá escapar de un procedimiento de lógica irrefutable: transformar la escritura en primera persona en una focalización interna fija para que, en vez de leer sus pensamientos y sentimientos, veamos al personaje experimentándolos, quizás con un complemento adicional de voz *off*.

Los autores de la versión cinematográfica –Aída Bortnik y el propio director Sergio Renán– no creyeron en esa solución, viéndola más como un callejón sin salida que como un atajo, y optaron por otra dirección: hicieron caso a aquellos que demonizan la voz *off* como sinónimo de distancia afectiva con el personaje. Efectivamente, la cercanía con Santomé no podía lograrse por su escritura, sino por el tono de las situaciones, los diálogos, los rostros y la manera de poner en escena esa cotidianeidad apagada.

Es indudable que la transposición no auspiciaba ningún conflicto mayor que los habituales en cualquier filme, mientras se tratara de situaciones como el reencuentro con Vignale, o la conquista en el colectivo, o la broma al jugador compulsivo Menéndez. Otras supresiones le quitaban espesor, pero representaban la traslación de época de una historia que la novela situaba en 1959 y un filme que ocurría en los setenta, por lo que era imaginable que los personajes no fueran a ver *Senso*, según aparecía en el texto original, que Luchino Visconti hizo en 1954. También podían calibrarse ciertas pérdidas, como la que implicaba carecer del diario como elemento articulador, ya que el filme no podía mantener rápidamente el contacto con lo que quedaba fuera del alcance físico de los personajes, como ocurría con el amigo Aníbal, que está en el extranjero, o con Jaime, el hijo de Santomé, que desaparece del relato. Pero lo más importante, en tanto problema de transposición, no estaba en ese territorio sino que era de orden técnico (en tanto confrontaba el formato literario con el formato cinematográfico) y consistía en cómo podía resolver Renán las decisivas transiciones temporales de la novela.

Para ejemplificar esta zona crucial puede tomarse una escena clave del texto: cuando Santomé es informado de la muerte de su enamorada, Laura Avellaneda. Si en la novela se transcriben las palabras tanto del tío de Laura como de Santomé, y se remarca el repiqueteo insistente del "ha fallecido", en el filme la puesta en escena es espléndida, ya que apenas nos llega un sonido inaudible del otro aparato, mientras la cámara va acercándose con parsimonia por entre los otros empleados, hasta dejar en cuadro el rostro demudado de Santomé (Héctor Alterio) insultando ante la noticia. Pero el centro del dilema no es la situación, sino lo que había hecho Benedetti en el texto: hay un extenso salto temporal entre la fecha en que se entera Santomé de la muerte y la del momento en que se decide o puede finalmente escribir la noticia: entre ambos han pasado cuatro meses.

¿Cómo lograr no ya una equivalencia, sino al menos una aproximación al efecto que produce en el lector ese espacio blanco en que Santomé deja de escribir y recién se decide o puede hacerlo cuatro meses después? Porque no se trataba de cómo sustituir un procedimiento por otro, sino de la imposibilidad material de un medio para transformarse en el otro: no hay modo de traducir ese "espacio blanco", no había analogía con un fundido encadenado, ni con un fundido a negro que diera cuenta del paso del tiempo, ni menos aún mediante un corte directo. La opción tomada por Renán al menos lo alejó de improcedentes lugares comunes, ya que decidió incluir una sucesión de "instantáneas", de momentos que reconstruían –en la mente de Santomé y del espectador– los pasajes significativos de la historia de la pareja. El recurso podía parecer rudimentario, pero no puede dudarse de su eficacia para instalarnos con firmeza en una subjetividad que antes nunca había necesitado presionar.

*d) Dificultades de equivalencia: los textos que pueden
o no pueden transponerse*

Los ejemplos citados ponen en discusión el problema de los estilos de escritura y el problema de los formatos. Esa discusión abre paso a otra, la de las equivalencias entre un medio y el otro, es decir, interroga sobre la existencia de materiales literarios pasibles de convertirse en películas, o en su defecto, si es factible decir que no pueden convertirse en ellas.

Ante la interrogación sobre si existen interesantes argumentos literarios no convertibles en argumentos cinematográficos análogos, quizás las variantes del relato policial aporten alguna luz. Porque podría decirse que es evidente la vigencia del policial de enigma en el campo de la literatura, desde Agatha Christie hasta P. D. James, si bien casi ninguna de las versiones fílmicas del policial de enigma logró trascendencia en la historia del cine, ni con Sherlock Holmes, ni con Arsenio Dupin, ni con Hércules Poirot. En tanto, también se mantiene la pervivencia del policial negro, desde Dashiell Hammett o Raymond

Chandler hasta Elmore Leonard o James Ellroy, logrando, desde los años cuarenta hasta hoy, un lugar ineludible en la historia del cine que dio paso a una especificidad incluso estilística.

La dificultad de este planteo, en rigor, está en la terminología empleada, ya que no se trata de si hay argumentos literarios interesantes que pueden convertirse en argumentos cinematográficos igualmente interesantes. Lo que debe plantearse es si existen formas de narrar argumentos literarios que no pueden convertirse en formas de narrar argumentos cinematográficos.

Una pregunta más perspicaz quizás sea la siguiente: ¿por qué suele pensarse que *Ulysses*, de Joyce, o *El Quijote*, de Cervantes, son inviables para hacer películas que no sean meras ilustraciones de "momentos" de esos textos, o en las que se busque extraer lo poco o mucho de "peripecia" –en el sentido físico de la palabra– que pudieran tener? O más cercanamente, si tomáramos la literatura argentina, ¿por qué ocurriría esto con *La traición de Rita Hayworth*, de Manuel Puig; *El Fiord*, de Osvaldo Lamborghini; *Glosa*, de Juan José Saer; *Diálogos en los patios rojos*, de Roberto Raschella, o incluso con cuentos brevísimos como *Las fotografías*, de Silvina Ocampo; mientras que las novelas de Osvaldo Soriano, Antonio Dal Masetto o Adolfo Bioy Casares tendrían una potencial –o potencialmente supuesta– "cinematograficidad"?

La respuesta a este interrogante, que es en realidad una pregunta retórica, debiera postular que en los primeros autores el estilo de escritura es lo que no logra equivalencias: ni la polifonía y los modos de habla de Puig y Raschella, ni la manera asociativa de Lamborghini, ni la dilatación aletargada y porosa del tiempo de Saer, ni las elipsis vertiginosas de Silvina Ocampo. En todos ellos, la transposición obliga a un trabajo de desmontaje y reconstrucción, nunca de analogías de traspaso. En el segundo grupo también hay una estilística, pero sus propias ideas sobre la narración parecieran aterciopelar ese cruce disciplinario, quizás creando la ilusión de que hay "más trama" en el sentido convencional del término, y aunque en Bioy Casares los resultados escuálidos de las transposiciones lleven a confiar en que es verdadera la frase del autor que sostiene que sus novelas son trampas para cineastas.

De esto se desprende que sea tan absurdo pretender que se transpone la obra de Cervantes al contar la historia de un demente que lucha contra molinos de viento, tanto como creer que se transpone la obra de Saer contando cómo un puñado de amigos recorre una cantidad de metros en el centro de una ciudad de provincia mientras evocan hechos pasados. No siempre es en la puesta en marcha de una peripecia donde el cine más puede acercarse al estilo y el universo literario del escritor.

David Cronenberg (director), William Burroughs (escritor)
y Peter Weller (actor protagonista) de *Festín desnudo*

e) La inversión del orden: el cine como origen de la literatura

Así como muchas veces se dice, peligrosamente, que ciertos textos parecen haber nacido para convertirse en películas, o que tienen –como decíamos en los párrafos anteriores– un potencial cinematográfico, también puede plantearse el razonamiento inverso, interrogándonos acerca de si es posible que cierta literatura haya nacido como efecto del lenguaje cinematográfico.

Se ha dicho con cierta frecuencia que hay escritores que fueron influidos por la gramática cinematográfica, incluso en las geografías más dispersas, como puede notarse en algunos casos de la literatura brasileña o la española.[12] Pero no se ha planteado, solamente, que el cine influyó sobre ciertos escritores sino que hasta los recursos de su estilo literario eran producto o resultado de esa influencia. Así es como se afirmó muchas veces –hasta devenir un lugar común, tomado por verdadero de tanto repetirlo– que escritores como John Dos Passos y

---

12. Véanse sobre este tema los textos de José Carlos Avellar, "El piso de la palabra. Cine y literatura en Brasil", en *Nuevo Texto Crítico*, 1997, págs. 3-44, y Ródenas de Moya, Domingo: "Cita de ensueño: el cine y la literatura nueva de los años veinte", en Gómez Blanco, 1997, págs. 85-105.

William S. Burroughs habían construido la organización de sus novelas célebres, *Manhattan Transfer* y *El almuerzo desnudo* respectivamente, pensando en las técnicas del montaje cinematográfico. Técnicas que diseñaban un montaje múltiple pero orgánico en el primer caso, y un montaje asociativo y con forma de *collage* en el segundo. Esta aproximación especulativa conduce a creer que se trata de escritores que "vieron" sus novelas imaginándolas películas.

La dificultad de este último supuesto es su pertinencia, ya que significaría pensar que cuando un escritor describe con extrema especificidad una imagen o escena de su novela destacando su color, textura o luz estaría intentando remedar o buscar un equivalente literario de la imagen cinematográfica. Eso sería como pensar que Thomas Mann o Marguerite Duras piensan "en términos de cine" cuando hacen literatura, y esta conclusión es improbable, sólo postulable si mediaran entrevistas donde los autores confirmaran esta influencia de modo explícito, y aun así quedaría en el crítico pensar o dudar de esas afirmaciones a la luz del filme propiamente dicho. De no ser así, las conjeturas podrían ser infinitas, desde que Edward Hopper pintó inspirado en el *film noir*, o que Sam Shepard escribió sus poemas inspirado en *westerns*, y así sucesivamente. Aunque fueran inferencias inspiradas, nunca serían verdaderas sino conjeturales.

Parece más certero decir que sí hay –en un sentido fáctico– escritores que pensaron mundos originados en el cine. Pero curiosamente, o no tanto, aquellos que incluyeron el cine de un modo transversal, como Manuel Puig en *La traición de Rita Hayworth*, son aquellos o aquellas obras que parecen resistirse a ser transpuestas al cine con docilidad. A la inversa, otros, como Elmore Leonard en *Get Shorty*, tuvieron un cruce más pacífico al territorio del cine. Pero esta desigualdad de orígenes y resultados es también lógica. Es imaginable que para Puig el cine sea una "zona imaginaria y mental" que de modo lento y progresivo va encimándose sobre la "zona objetiva", sobre lo que conforma el mundo real de los personajes; en cambio, en Leonard, ese sarcasmo quirúrgico sobre las bambalinas del rodaje termina siendo casi un *backstage* armado como relato, o donde el relato es el pretexto para develar entretelones más o menos ocultos, y hasta para ajustar sus propias cuentas personales con el negocio cinematográfico.

Éstos son casos donde hay mundos cuyo peso específico es el cine, sistema solar en derredor del cual giran los otros materiales como satélites. Pero, a veces, las opciones frente a esos materiales toman caminos diferentes. Por ejemplo, cuando Héctor Babenco transpuso a la pantalla a Puig en *El beso de la mujer araña*, el universo del cine sólo fue un material que permitía ocultar la situación de encierro y claustrofobia teatral a la que predisponía la lógica del texto. Esos espacios (la cárcel, los filmes recordados, transfigurados o directamente inventados) estaban claramente escindidos, convenientemente puntuados. En Puig, en cambio, había una voluntad de disolución de esas fronteras, para dar lugar a un *continuum* narrativo y dramático.

Como si quisiera responder desde otra perspectiva a esta idea de la literatura influenciada por el cine, Bruce Kawin invertía doblemente el orden de la discusión, señalando la influencia de la ficción de William Faulkner sobre el cine posterior, y no la de las películas basadas en sus relatos. La tesis de Kawin era que el uso que hacía Faulkner, en muchas de sus novelas, de tropos como el montaje, los cuadros congelados, las sobreimpresiones, los *flashbacks*, las perspectivas distorsionadas y las líneas de diálogo superpuestas (*overlap*), así como el conflicto entre sonido e imagen, era para convertir sus ficciones no en visualmente experimentales, sino para producir un eco que extendiera los aspectos temáticos y a veces los excesos retóricos. Decía que aquellos filmes que procuraron llevar a Faulkner a la pantalla fracasaron por rechazar al mismo tiempo las técnicas de Faulkner y la metafísica del tiempo que inspira y justifica esas técnicas. Y luego, añadía:

> Faulkner tiene un lugar en la historia del cine como colaborador del trabajo de Howard Hawks y como una influencia en los trabajos de Orson Welles, Agnès Varda, Alain Resnais, Alain Robbe-Grillet, Marguerite Duras, Chris Marker y, quizás más signifcativamente, de Jean-Luc Godard; cineastas que adoptaron sus técnicas en vez de sus historias.[13]

Los problemas específicos

Es más usual de lo que debería, pensar la transposición a partir de cuestiones que aparecen como inevitables y que culminan en la idea de que hay aspectos que son intransferibles de un medio o de otro, rasgos que, a su vez, definen los límites de la transposición como trabajo. Se entiende que esos aspectos son propios de un medio o formato y dividen las aguas de lo viable y lo inviable. Pero si bien estos aspectos se aluden como causas de victorias y naufragios, también es cierto que no suelen discutirse con toda la especificidad que cada uno requiere para poder detectar esos mecanismos que permiten a un filme emerger límpidamente a la superficie sin que el bote salvavidas de la obra literaria lo socorra. Y aunque siempre esos rasgos específi-

---

13. Kawin, Bruce F.: *Faulkner and Film*, Nueva York, Ungar, 1977, pág. 145.

cos son parte del engranaje total de una obra específica, es posible discutir la pertinencia de ellos como problemas.

De la enorme diversidad de problemas específicos de la transposición, se toman aquí cuatro aspectos que serían los que, con más regularidad, aparecen como dificultades mayores. Ellos son el problema de la extensión o la economía, el diálogo teatral o literario frente al diálogo cinematográfico, la voz *off* y sus variantes –monólogos interiores, pensamientos, fluir de la conciencia–, y el punto de vista o la problemática de los narradores.

a) Extensión o economía

Uno de los supuestos más usuales y divulgados es el que sostiene que la literatura es una disciplina que permite que el autor pueda extenderse más sobre el mundo interno, el pasado, los sueños e intuiciones de los personajes, sobre el espacio que los rodea, sobre todo lo que atañe a la descripción de ese mundo que construye. El propio medio habilitaría un vaivén más fluido entre las diferentes voces narrativas.

Parece ser que cuando se alude a esta zona, lo que se problematiza es una cuestión de volúmenes, confrontando la materialmente más factible extensión de la literatura frente a la materialmente más económica del cine. De hecho, hay toda una tendencia teórica buceando en este tema en procura de hallar una cierta cientificidad[14] como centro para identificar cambios y pervivencias del texto en el filme.

Es evidente que la "mayor extensión" de la novela pareciera auspiciar que el autor se mueva en una zona más libre para la construcción del mundo ficcional pero, como siempre, el problema refiere al tipo de escritura y de mundo ficcional de que se está hablando. La voluminosa extensión de una novela de John Grisham no evita que –de acuerdo con la citada tipología de E. M. Forster– sus personajes sigan teniendo un estatuto *plano*, mientras que la extremadamente exigua extensión de una novela de Thomas Bernhard consigue que sus personajes adquieran un estatuto *esférico*.

Si tomáramos como válida esta premisa de la inevitable asimetría entre literatura y cine en términos de volúmenes, sería más lógico hablar del cuento, o la *nouvelle*, o la pieza teatral breve, como los for-

---

14. Recientemente lo hizo José Luis Sánchez Noriega en su libro *De la literatura al cine*, Barcelona, Paidós, 2000.

matos más adecuados para convertirse en filmes. Sin embargo, la proporción de cuentos, *nouvelles*, o piezas breves que originan películas es insignificante respecto de las novelas de un formato cuanto menos estándar. Más aún, esta tendencia es por completo opuesta al afán de los cineastas por las novelas voluminosas.

Si el punto en cuestión fuera la brevedad del relato de origen, ¿cómo se explica que sea tanto menor el número de versiones de cuentos breves de O. Henry o Saki que el de versiones de novelas extensas de Henry James o Stephen King? Esta discusión llevaría a otra, porque habría que determinar, en todo caso, cuántas páginas debiera tener un relato para que su transposición al cine sea menos traumática o fatídica. Los casos para graficar una posición u otra son incontables, ya que autores que han escrito cuentos de una extensión similar no tuvieron un pasaje análogo al terreno cinematográfico, según se desprende –si tomamos el caso de la literatura norteamericana– de las múltiples versiones de relatos de Ernest Hemingway y las casi inexistentes de relatos de J. D. Salinger.

Si bien animada por un espíritu que reduce el problema a cifras y volúmenes, de todos modos esta cuestión de la extensión o la economía lleva al centro de la discusión un aspecto que parece inevitable: el hecho de que el relato literario debe sufrir ciertas alteraciones al pasar al cine. Es curioso, pero cuando se alude a las novelas que se decide transponer, se recomiendan cortes, simplificaciones y el hecho de poder reducirlas a líneas esenciales, como afirma Vale respecto del trabajo de las novelas que son voluminosas.[15] De modo inverso, cuando se alude a relatos breves, se habla de extender, prolongar o añadir situaciones. ¿Es posible un volumen estándar que no obligue a lo uno ni a lo otro?

Con perspicacia, el crítico A. O. Scott se interrogaba sobre si era posible llevar a la pantalla un texto como *Infinite Test*, de David Foster Wallace, con sus 1100 páginas, sus 400 notas al pie y sus incontables subtramas.[16] Asimismo, la recurrencia a pensar las fases del proceso de transposición en valores numéricos, induce a considerar las correspondencias desde una perspectiva errónea, como si la cifra de páginas fuera lo que definiera la fase en que ese relato debe ubicarse: si es un cuento de hasta diez páginas sería una posible "sinopsis" detalla-

---

15. Vale, Eugène: *Técnicas del guión para cine y televisión*, Barcelona, Gedisa, 1996, pág. 153.
16. Scott, A. O.: "The Page Floats, Transformed", en *The New York Times*, 16 de junio de 2000.

Aída Luz y Guillermo Bataglia en *Los verdes paraísos*.

da, si oscila entre las quince y las treinta sería un posible "tratamiento", y si supera las cien sería un posible "guión literario". Del mismo modo, los criterios de producción del cine industrial creen haber logrado sistematizar el problema de la cantidad de páginas de un guión en términos de los minutos que ocupan en un filme. Si, como vulgarmente suele decirse, una página de guión "equivale" a un minuto o un minuto y treinta segundos de película, es evidente que esa idea responde más a una orientación vaga que a una precisión rigurosa. Porque, ¿cómo están contemplados en ese guión un largo silencio del actor, un lento *travelling* por la totalidad del decorado, o la fragmentación de una escena en base a una yuxtaposición de planos detalle de objetos?

El vínculo presuntamente indisoluble entre la brevedad del relato literario y la necesidad de extenderlo suele conducir a oscuridades. Para decirlo de otra manera: el motivo de que Marco Ferreri combinara varios relatos de Bukowski en *Historia de locura común* fue una consecuencia de necesidades de tipo dramático y no de lo exiguo de las páginas del relato original, del mismo modo que las transformaciones efectuadas por el director Carlos Hugo Christensen sobre el relato *Su ausencia*, de Horacio Quiroga, para el filme *Los verdes paraísos*, obedecieron a dar un giro distinto y al intento de clarificar ciertas situaciones, y no por causa de las catorce páginas del cuento.

La idea de que transponer un texto breve implica un ejercicio gimnástico de elongación –el relato literario como un músculo que hay que tensar– suele olvidar que la brevedad muchas veces tiene un fundamento. Ese fundamento está en la justeza del tono y en la voluntad del autor de escamotear datos sobre los personajes para que sea el lector quien complete el sentido e imagine los vacíos de la narración. El tenaz empecinamiento del cine industrial por proporcionarle todo al espectador y fomentar su falta de implicación suele redundar en tropiezos monumentales, como ocurrió en *Los que llegan con la noche*, cuando el director Michael Winner decidió añadirle un pasado a dos de los personajes de *Otra vuelta de tuerca*, de Henry James. En esa oportunidad, la decisión de Winner no pareció orientarse a completar huecos, a inventar lo ausente o recuperar el relato siguiendo sus lineamientos estructurales, sino a desvelar lo voluntariamente elidido por James, a materializar aquello que era intangible y que pareciera –según esa opción del director– resultar intolerable para un filme de narración convencional. Por eso mismo, se impone una duda por su propio peso: ¿cuál era el objeto de transponer la novela de James si se consideraba que para hacerlo debía arrasarse la ambigüedad que era la clave de la novela?

La compulsión por el número, en realidad, más que estar sostenida en una pretensión científica enmascara la dificultad de analizar el problema de los estilos del escritor y el cineasta. En este sentido, es interesante el punto de vista de la escritora Eudora Welty, autora de maravillas como *Boda en el delta* y *El corazón soñador*, cuando aludía al dilema entre extensión o economía desde un ángulo más estilístico que cuantitativo, explicando que entre el cuento y el filme había un vínculo intrínseco por sus métodos similares en el uso de *flashbacks* y en la capacidad para mostrar lo que la gente sueña o piensa, y porque en el filme "se puede usar el sombreado y la velocidad tal como en el cuento".[17]

La afirmación de Welty tiene la precaución de volver a situar la discusión en el territorio del estilo, y no en el de la cantidad. Porque, de no ser así, ¿qué haríamos, por ejemplo, con las transposiciones del cuento *Los asesinos*, de Ernest Hemingway? Tres de las versiones acreditadas son las que hicieron Robert Siodmak en 1946, Andrei Tarkovski en 1959 y Don Siegel en 1964, y las tres difieren en su metraje: 105, 19 y 95 minutos. Pero más allá de sus respectivas duraciones, las tres difieren del sucinto cuento de Hemingway por sus elecciones estilísticas. Si se toma en cuenta el tema de la focalización o el punto de vista, Siodmak y

---

17. Rúas, Charles: *Conversaciones con escritores norteamericanos*, Buenos Aires, Sudamericana, 1986, pág. 31.

Tarkovski intentan respetar la idea de Hemingway de que Nick Adams es más un observador o testigo que un personaje de igual espesor que los otros, mientras que Siegel mantiene la figura del que mira los hechos, pero con el matiz paradójico de que es ciego. Si se toma en cuenta la estructura misma de la narración, vemos que Siodmak y Siegel construyen sus filmes amparados en un sistema de *flashbacks* para explicitar los motivos por los que los sicarios buscan matar a Ole Andreson –lo que Hemingway ocultaba en un magistral fuera de campo narrativo–, en tanto Tarkovski escoge omitir esa clave. Si lo que se toma en cuenta son decisiones de puesta en escena, Siodmak optó por una atmósfera muy en sintonía con las texturas del *film noir*, Tarkovski situó casi todo el relato en un único espacio, y Siegel hizo un policial que discurre en lugares soleados, de una luminosidad casi enceguecedora. Sabemos que Hemingway aprobó hasta la admiración la versión de Siodmak, y es probable que de haber estado vivo para verlas –como barrunta con perspicacia Gene D. Phillips–[18] le hubiera fastidiado la de Siegel, y hubiera encontrado demasiado elíptica a la de Tarkovski.

Esta discusión, a su vez, trae consigo otra, cuyo postulado sería que una cierta cantidad de palabras o enunciados verbales no tendrían posible correspondencia con una cierta cantidad de imágenes y sonidos. Pero si bien el análisis de las equivalencias entre formatos es central para reflexionar sobre la transposición, no deja de ser una solución peligrosa retrotraer la discusión a aquello de que las palabras evocan múltiples imágenes posibles mientras que las imágenes anclan o direccionan las palabras. Es una solución peligrosa, porque el tema está en directa relación con la función del lenguaje que se esté privilegiando en cada medio. Porque, ¿deja más abierto el sentido una frase inicial de una novela de Tom Clancy o un plano inicial de un filme de Alexander Sokurov, o el plano final de uno de Abbas Kiarostami? La reducción es riesgosa, como puede verse.

b) Diálogos literarios y diálogos cinematográficos

El diálogo: teatro o cine

Que el uso del diálogo convierte los filmes en vanos remedos de obras teatrales o literarias es un juicio tan frecuentado por el sentido

---

18. Phillips, Gene D.: *Hemingway and Film*, Nueva York, Ungar, 1980, págs. 75-78.

común como por ciertos teóricos del cine tan disímiles como Serguei Eisenstein, Rudolph Arnheim y André Bazin. Esta afirmación, compartida por analistas opuestos, supone entonces una discusión productiva. Ocurre que por debajo de esta pretendida incompatibilidad entre las palabras del texto y el cine como forma artística autónoma se esconde la presunción de que el cine es ante todo un arte visual, concebido desde y para la imagen. Todo lo que atañe a su dimensión sonora no sería, por tanto, más que un soporte o agregado que no hubo más opción que aceptar por imperio de la propia evolución técnica del medio.

Sin embargo, esa defensa purista del lenguaje cinematográfico ofrece no sólo una rudimentaria declaración de fe en la imagen sino aristas de singular interés para un campo como el de las transposiciones literarias. En un ensayo notable, donde el rigor se alía con la inteligencia, Mary Devereaux sintetiza con precisión los cuestionamientos de Arnheim al cine hablado, al apuntar que la combinación entre imagen en movimiento y palabra sólo debe producirse bajo ciertas condiciones. Básicamente, Arnheim sostiene que la combinación entre imagen y palabra debe ser necesaria y nunca redundante, que debe producir un auténtico paralelismo entre los elementos en procura de una unidad de materiales, y que debe haber una jerarquización de la imagen por sobre la palabra para que el filme no devenga un mero derivado del teatro. Pero el concepto que articula la argumentación –y que Arnheim comparte con Eisenstein– es el de la condición de "armonía musical" de un filme sonoro, donde los diferentes instrumentos, es decir, las palabras y las imágenes, interactúan buscando un efecto que no lograrían por separado.

Sería lógico acordar con esta idea de la "armonía musical" si no mediara el hecho de que para Arnheim no hay modo de que la imagen fílmica se beneficie del texto verbal, de que el diálogo abra nuevas zonas al filme como forma expresiva, pudiendo solamente prolongar lo que el filme ya tiene. El diálogo propicia entonces –reflexiona Devereaux– una parálisis o interferencia de la acción visual.[19]

Lo que Arnheim critica es no sólo que el diálogo sea un elemento material como los otros, sino todas las posibles interacciones asimétricas, o no tradicionales, que pueden pensarse como usos de la palabra en el cine, desde la apelación a canciones hasta el monólogo interior, pasando por los diversos empleos imaginables de la voz *off.*

---

19. Devereaux, Mary: "Of 'Talk and Brown Furniture': The Aesthetics of Film Dialogue", en Devereaux, 1986, págs. 37-44.

Éstas serían algunas de las estrategias para sortear el tan temido "naturalismo" a que conduciría el empleo inevitable y explicativo del diálogo, que de todos modos no es ni remotamente una condición de lo teatral, como lo confirma el trabajo de los dramaturgos Samuel Beckett y Harold Pinter, por tomar sólo algunos nombres contemporáneos. Si lo que se discute es la cantidad de diálogo de un filme como divisoria de aguas entre una supuesta redundancia o explicitación de lo que importa y un uso más elusivo, bastaría con tomar la obra de John Cassavetes –una de las más dialogadas de la historia del cine– para demostrar esta falacia. Todavía más: si el afán está concentrado en que el diálogo no explique aquellas claves ocultas de la obra, hasta podría crearse un lenguaje inventado por el autor, como hizo Anthony Burgess, probando la fórmula experimental en términos literarios (en su novela *La naranja mecánica*) y en términos cinematográficos (en su guión de *La guerra del fuego*), con lo que logró esquivar toda explicación, al menos en ese aspecto.

De haberse ceñido estrictamente a la idea de la "armonía musical" entre los elementos visuales y sonoros del filme, quizás Arnheim hubiera comprendido que el cine como medio estético autónomo no pierde sus rasgos esenciales por el solo hecho de que el diálogo ocupe un lugar dentro de esa amalgama de materiales. Aunque para eso es vital establecer los posibles y diversos usos del diálogo. Porque pueden ser diálogos planteados como continuidad de la música, como en ciertos filmes de Terence Davies. O diálogos que conforman con los otros materiales un tejido sonoro único, como afirma Noël Burch acerca de ciertos filmes japoneses.[20] O diálogos cuya información se desmiente por las acciones de los personajes, como en las películas de Eric Rohmer. O diálogos que desvían el eje o la motivación de los personajes, como en las mejores obras de Fritz Lang. O diálogos que no respetan la dinámica del intercambio lógico y sucesivo, como en los filmes de los hermanos Marx. O diálogos escritos con una entonación y una métrica puramente poética, como sucede en los filmes de Pier Paolo Pasolini. O diálogos que tienen un efecto recursivo, al retomar parte del diálogo previo en el diálogo inmediatamente posterior, creando así una "cadencia", como en los filmes de Marguerite Duras. O el equilibrio sutilmente preciso entre diálogo y silencio, como en

---

20. Noël Burch explica su idea del diálogo como "tejido sonoro" así como otras singulares relaciones de continuidad, contigüidad y disociación entre materiales visuales y sonoros en el capítulo sobre "El uso estructural del sonido". Véase Burch, 1970, págs. 96-107.

los filmes de Claude Sautet. O, como afirma Devereaux, diálogos de una construcción particular en función del género, como en la comedia *screwball* y el filme de detectives, que además de construir modelos específicos de velocidad dialógica trabajan sobre el concepto del diálogo sexual y el del diálogo-interrogatorio, respectivamente.[21]

El diálogo: lo literario y lo cinematográfico

La discusión no debiera centrarse sólo en si existe o no un empleo complementario del diálogo en relación con la imagen, sino, más bien, en el tipo de diálogo que los filmes privilegian y los motivos que inspiran esas elecciones, ya se trate del *diálogo como monólogo*, del *diálogo polémico*, del *diálogo didáctico* o del *diálogo dialéctico*, que son las cuatro variantes posibles de uso. Cuatro variantes que no incluyen, como se ve, la categoría de "diálogo literario", que es el concepto en litigio.

Se supone que la referencia al "diálogo literario" alude de manera velada e imprecisa a una desnaturalización del diálogo como sonido, a que una cierta organización del texto verbal convertiría el resultado en literario, a que pueda decirse –con énfasis determinista– que ciertas palabras o construcciones verbales son quienes producen ese efecto de "literariedad". Por lo tanto, ¿cuáles serían las construcciones verbales que autorizan a decir que un diálogo es literario?

Un primer aspecto que se discute es la recurrencia o abuso en el empleo de la función poética del lenguaje, ya que pareciera que los diálogos cinematográficos exigen como certificado de probidad el respeto por el fluir vulgar de las palabras, sin proliferación de sinónimos, sin un uso culto de figuras retóricas, desprovistos del cuidado estilístico de la lengua que implicaría la palabra escrita. Pero tomemos por caso a Shakespeare, de quien nadie pone en duda que fue uno de los más extraordinarios escritores de diálogos con privilegio de la función poética. Shakespeare pone en boca de un personaje la frase "Es de la materia de que están hechos los sueños". Esa frase tiene un "efecto de lectura", es decir, es leída como un ejemplo de diálogo literario. En el filme *El halcón maltés* (si bien Dashiell Hammett no la incluía en la novela original) el director John Huston la inserta literalmente como parlamento final del filme. ¿Por qué, en ese caso, no estaríamos ante un "diálogo literario"? Veamos.

---

21. Devereaux, Mary: "Of 'Talk and Brown Furniture': The Aesthetics of Film Dialogue", ob. cit.

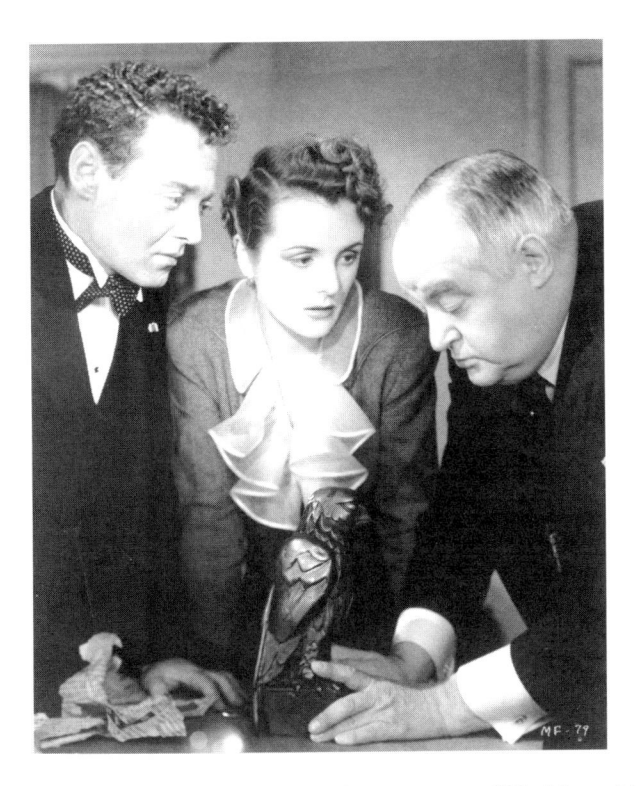

Peter Lorre, Mary Astor y Sidney Greenstreet en *El halcón maltés*.

Hay un predominio de la función poética del lenguaje en Shakespeare y en la réplica de Huston, más allá de la desigual estatura artística que pueda objetarse. Pero si el centro del análisis es la función del lenguaje que se privilegia, parece atinada la observación de Edward Murray, quien apoyándose en Alexander Bakshy para evaluar el dispositivo teatral y el cinematográfico, asevera:

> [...] el diálogo "natural" de escenario es inflado para que parezca natural en la pantalla. Para ser usado en cine, tiene que ser despojado hasta el hueso, reducido a la función normal de la lengua, lo cual, en nueve de cada diez casos, es una concomitante de la acción y no su sustituto.[22]

Esto llevaría a creer que si existiera tal cosa como "lo cinematográfico" –como la partícula aislada por el científico en su gabinete–, esta-

---

22. Murray, Edward: *The Cinematic Imagination –Writers and the Motion Pictures–*, Nueva York, Ungar, 1972, pág. 13.

ría asociado a cierta función de la lengua en detrimento de las otras funciones, lo cual obligaría a un dogma retórico, o un decálogo punitorio que sancione como "no cinematográfico" el uso de ciertas palabras, tipos de construcción verbales, citas literarias o lo que fuere que se juzgue como ajeno a un pretendido uso casto del lenguaje del cine.

Cuando se habla de la función poética del lenguaje pareciera sobrevolar, a la vez, una referencia al uso de "bellas palabras". Pero esta argumentación es un camino obturado, porque de seguir esa senda terminaríamos concluyendo, por ejemplo, que los diálogos de un relato de Charles Bukowski son menos literarios que los de un filme de Luchino Visconti, lo cual es un absurdo porque unos pertenecen al medio literario y los otros al medio cinematográfico. Si quienes definen el campo literario fueran las "bellas palabras", ¿en qué disciplina artística ubicaríamos a escritores como Henry Miller, Roberto Arlt o William S. Burroughs?

Esta sinuosa noción de que existen palabras o construcciones verbales que no pueden o no debieran ser dichas en un filme bajo pena de quedar sumidas en la solemnidad, suele derivar en imprecisiones aún mayores, como en una cadena de explicaciones erráticas. Es lo que sucedió con la más reciente transposición de la novela *Lolita*, de Vladimir Nabokov, realizada por Stephen Schiff y dirigida por Adrian Lyne. Lo que argumentó Schiff de su trabajo específico en el guión es que la elegancia lúdica y lingüística de la prosa de Nabokov no funcionaba en términos cinematográficos, y que esos textos en boca de un actor iban a oírse ridículos o impostados. Dejando por un momento en segundo plano la idea de que hay textos "que no pueden decirse" en un filme, queda por elucidar lo que es consustancial a la novela de Nabokov: el juego con el lenguaje. Más aún, el juego con el lenguaje es parte de otra dimensión del juego, la que oscila entre la materialidad concreta del personaje Lolita y lo que es sólo un efecto de la construcción literaria que hace de ella el profesor Humbert. Suprimir esos monólogos interiores tildándolos de literarios no zanja el problema de transposición que implican esos textos, y su enroque por situaciones o diálogos nuevos no los hace más confortables al formato cinematográfico, porque es la interioridad mental, creativa, imaginaria de Humbert lo que originaba la complicación y no el tipo de palabras más o menos pretenciosas. El problema no se reduce a ciertos textos, sino que desafía a la transposición misma, por imponer un personaje de compleja presentación cinematográfica.

Es indudable que los modos de decir –en *El halcón maltés*, el modo de decir de Humphrey Bogart– están pesando en la evaluación: hay consenso en que los diálogos cinematográficos debieran oírse y sonar como se oye o suena cualquier diálogo oído al pasar en cualquier sitio u ocasión, pero no parece muy atinado decir que el *habla* de Bogart responde a un tipo de entonación escolástica o académica. En esta misma dirección, Mary Devereaux sostiene: "Lo que se pretende no es que un guión cinematográfico deba leerse igual que una novela o una obra teatral. Atendiendo al rol importante que juega el diálogo en una película, me refiero a las palabras no como son escritas sino como son dichas".[23] Así, pensando que un diálogo es ante todo un sonido, Manuel Puig solía referirse peyorativamente a los filmes argentinos, porque aseguraba que se oían demasiado parecidos a la realidad, si bien es evidente su predilección por modelos dialógicos que, simplificando, tentativamente podríamos denominar como "artificiosos". Modelos dialógicos que eran fruto de una retórica predominante en los melodramas del Hollywood desde los los años treinta a los cincuenta, y que llevó a Puig a desdeñar, por ejemplo, la retórica del filme neorrealista.[24]

En cualquier caso, esos modos de decir no están aislados, sino imbricados en el contexto en que se insertan. Es decir: qué, a quién y cómo se dicen esos diálogos es tan relevante como el tipo de filme en que se dicen, como la relación que establecen con los otros elementos de la puesta en escena, o como la circunstancia dramática en que se dicen. Obviamente, cuando quien emplea esos diálogos es un escritor, como en el filme *El ocaso de un amor*, cuando Bendrix explica a Parkis que "los celos sólo existen cuando hay deseo. Usted persigue el deseo: considérese su esclavo", pareciera que está más permitido, o que aumenta el umbral de tolerancia, aunque, dicho sea de paso, esas líneas no habían sido escritas como diálogo en la novela original de Graham Greene.

Pero hay otros casos donde la duda crece. Es precisamente por quién lo dice, que a nadie se le ocurre que en *Pasión de los fuertes*, de John Ford, el monólogo de *Hamlet* interpretado por el viejo actor borracho Thorndyke (Alan Mowbray) implique un ejemplo de diálogo literario, aunque lo diga nada menos que en el contexto de un *western* emblemático. Es precisamente por el tipo de poética del filme en que lo dice, que a nadie se le ocurre reprochar la belleza dialógica de Serking (Ben Gazzara), cuando le manifiesta a Cass (Ornella Mutti) "Fuiste demasiado bella", en *Historia de locura común*, de Marco Ferreri. Es precisamente por la circunstancia dramática en que lo dice, que a nadie se le ocurre que en *Los fantasmas de un hombre respetable*, de

---

23. Devereaux, Mary: "Of 'Talk and Brown Furniture': The Aesthetics of Film Dialogue", ob. cit., pág. 46.
24. Puig, Manuel: *Los ojos de Greta Garbo*, Buenos Aires, Seix-Barral, 1993.

Claude Chabrol, cuando Monsieur Labbé (Michel Serrault) habla en voz alta estando solo y dice para sí *"ahora todo terminó"*, eso sea un modelo de soliloquio puramente literario. En estos ejemplos, el centro no está en la modalidad discursiva –monólogo, soliloquio–, sino en el personaje que lo dice y el momento dramático elegido por los directores para incluir esos textos, el centro no está en el tipo de uso de la lengua sino en la justificación de esas elecciones.

Es claro que el diálogo es un elemento que debe integrarse o establecer distintos modos de relación con los otros de la puesta en escena. La discusión no debiera, entonces, centrarse en que el diálogo tiene un plusvalor o una importancia diferenciada respecto de los otros materiales. El eje en cuestión sigue siendo el de los usos del diálogo. Así, por ejemplo, resulta curioso que un mismo diálogo sea apreciado de modos antagónicos según sea dicho ante otro personaje o si está como voz *off*. Es como si este problema fuera pensado en términos de distancia, como si todo se tornara más cristalino al aumentar la distancia de la voz entre los personajes: en el primer caso, el diálogo se asemejaría a la clase de intercambios verbales de "la vida cotidiana", y en el segundo, el diálogo, por exhibir un uso culto de la lengua, adquiriría un estatuto presuntamente "literario". Incluso habría más concesiones en cuanto a la velocidad, como si se penara la lentitud en el diálogo frente a frente y se le concediera la opción de ese ritmo acompasado a la voz *off*, como si se confrontaran la dicción y la lectura o escritura, cuando no necesariamente –o mejor, casi nunca– responde a la verdad de lo que ocurre en los filmes, ni siquiera cuando el personaje que narra en *off* funciona como una continuidad del autor real de la novela, como pasaba con Rolfe (Willem Dafoe) en *Días de furia*, que dirigió Paul Schrader basándose en la novela *Aflicción*, de Russell Banks. Pero el análisis de los usos de la voz *off* reviste un interés singular y por eso merece un examen discriminado.

La voz off

Si bien es evidentemente más preciso el término *voice-over*, utilizamos –por ser más difundido su uso y para evitar la selva terminológica– la designación de voz *off* para remitirnos a los distintos modos en que una entidad narrativa –presente o ausente– refiere ciertos acontecimientos o percepciones sin que la veamos en el momento preciso en que los narra.

La voz *off* es un recurso intrínseco del teatro o del cine, ya que es indispensable que el cuerpo que emite la voz no se vea. Sin embargo, curiosamente, suele considerarse como una evidente herencia literaria que a veces los cineastas deciden incluir, o creen no tener más opción que aceptar. Tampoco se puede decir que sea un efecto de la "molicie" del director que no supo cómo resolver un monólogo interior, o una escritura retrospectiva en primera persona, como ocurrió más de una vez en las versiones de novelas de Raymond Chandler con su detective Philip Marlowe.

Es interesante porque precisamente lo ocurrido con las versiones de dos textos de Chandler fue que buscaron entre los extremos, desde la increíble convicción de fidelidad convertida en puro extrañamiento enrarecido, cuando Robert Montgomery hace *La dama del lago*, hasta el borramiento total de la figura del director, en busca de una completa invisibilidad, o un anonimato, o quizás una inexistencia, cuando Dick Richards ilustró *Adiós muñeca*. Espléndido caso de transposición fidedigna que toma directamente el recurso del texto con el solo objetivo de evitar que se lo tilde de original, como si buscara un atajo para haraganes que prefieren enterarse de la obra de Chandler viendo el filme en vez de tomarse el trabajo de leer la novela. Dick Richards lo explicó a su manera:

> Elegí hacer un filme de época, en razón de la moral del personaje. Si se lee atentamente a Chandler, se observa que tenía una moral, un credo: creía en el Bien contra el Mal. No podía sacarme esta idea de la cabeza. Y no podía decidirme a transferir la acción a nuestros días, puesto que Chandler estaba muerto y había escrito la historia para su época. En consecuencia, ¿en virtud de qué tomaría yo su relato para destruirlo, para destruir un estilo nunca superado desde entonces? ¿Por qué no resituar la narración en su contexto? Eso es lo que hice.[25]

Es indudable que el empleo de la voz *off* en los filmes inscriptos en el policial negro ha permanecido como marca estilística que traspasa el efecto de época para consolidarse en el tiempo, como puede comprobarse con Easy Rowlins en *El demonio vestido de azul*, que realizó Carl Franklin sobre la novela homónima de Walter Mosley. O mejor aún, examinándola en *Los Ángeles al desnudo*, de Curtis Hanson, sobre la novela de James Ellroy. Allí, el también guionista Hanson junto a Brian Helgeland trabajan una voz *off* que desde el prólogo se diferenciaba

---

25. Guerif, Francois: *El cine negro americano*, Barcelona, Alcor-Martínez Roca, 1988, pág. 232.

de esa voz única y de saber omnímodo del texto de Ellroy. En el filme, esa voz pasó a ser identificable y materializada: la del periodista de escándalos Sid Hudgens (Danny De Vito). Es Sid quien cuenta: "Sólo están vendiéndote una imagen del paraíso". Ésa es la razón por la cual ese prólogo se concibe como un *newsreel* sobre el mundo de Hollywood, en clave de prensa filmada, y ésa es la razón de que el director Hanson optara por eliminar los *raccontos* que en la novela informaban acerca del pasado de los héroes principales, así como los copiosos informes policiales (o de crónicas policiales) que conferían esa dimensión singular al material original.

Incluso partiendo del tipo de uso que instauró la novela negra, la voz *off* terminó cargando con la responsabilidad de ubicar la narración en la interioridad subjetiva del personaje, según la lección aprendida por Ridley Scott al pensar la transposición del texto de Philip K. Dick, *¿Sueñan los androides con ovejas eléctricas?*, que derivó en *Blade Runner*. O en ese uso libre del recurso a manos de Wim Wenders en *Las alas del deseo*.

Pero si, como usualmente se dice, la voz *off* establece una distancia entre el relato cinematográfico y un espectador que ve siempre un filme como si ocurriera en tiempo presente (aunque ocurra en el pasado), también es cierto que hay ocasiones en que los cineastas buscan recuperar esa "otra voz" ajena a los personajes. Se trata de un intento de literalidad, de que ese espesor de la palabra emule en el filme el efecto que produjo en el lector. Ésa fue la opción que eligieron el director Martin Scorsese y su coguionista Jay Cocks cuando decidieron transponer *La edad de la inocencia*, la novela de Edith Wharton convertida en el filme de título análogo.

La voz *off* de una narradora invisible –¿de la autora?, ¿de la conciencia de una Nueva York finisecular?– fue un ardid sagaz para dar cuenta de lo que componía el mapa de situación de los personajes, que informaba sobre la vida cotidiana, los usos y las costumbres y los rumores de la ciudad, y funcionaba también como un narrador omnividente, o como un símil del coro que comentaba los sentimientos de los personajes. Esa clase de voz *off* ponía en discusión las cercanías y distancias entre la contemporaneidad del espectador y la del habitante de 1870, fijando sus correspondencias y diferencias, introduciéndolo en ese mundo a través de una zona del filme que no tenía forma de "prólogo literario" trasladado brutalmente. Más bien, esa voz *off* abría un surco en el filme, una dimensión cuyo valor era más la observación y el registro que la belleza de escritura de los textos.

También es cierto que el hecho de que la voz *off* sea una herencia literaria no supone, siempre, una reflexión anómala como la de Scorsese con Wharton. Y al mismo tiempo, no implica necesariamente una claudicación, en particular si forma parte de un intento de literariedad de la puesta en escena, si el texto verbal o sonoro se funde en un tratamiento de la imagen que se orienta en análoga dirección, como ocurre con ciertos filmes dirigidos y escritos (aunque no basados en novelas propias) por Marguerite Duras, como en el cortometraje *Césaree*, o en *Le Navire Night* o *India Song*, en los que pareciera que la imagen llega para ajustarse al *tempo* de la palabra pronunciada, como si la cadencia del texto *off* que se oye fuera la que hace fluir –esforzada, trabajosamente– las imágenes.

Algo similar pero diferente ocurre cuando el director ha elegido una voz *off* que no estaba en el texto primigenio, cuando la agrega como un soporte que no funciona para resolver dilemas característicos –la voz *off* como un modo de remarcar que se cuenta ese relato cinematográfico en primera persona–, como hace Terrence Mallick en *La delgada línea roja*. En esta película, Mallick no sólo agrega una voz *off* que la novela de James Jones jamás incluía, sino que descubre que el empleo de una voz *off* múltiple, que marca la presencia o existencia de diversos narradores, es una opción posible de transposición sugerida por la propia concepción de la novela. Es decir: la idea de que esas voces se presentan como anónimas en un espacio y forman parte de los sonidos que se han grabado en ese lugar.

No es infrecuente, por otra parte, que se la emplee buscando un efecto de prólogo –en el sentido literario de la palabra–, como si se tratara de una versión del narrador invisible de las fábulas infantiles. A diferencia del efecto que producía la voz *off* en el caso citado de Scorsese, en el del filme *El dependiente* el realizador Leonardo Favio optaba por comenzar su relato extrapolando literalmente un párrafo que iniciaba el cuento homónimo de Jorge Zuhair Jury: "Los límites de sus ambiciones y metas los marcaba el rectángulo de la pieza que hacía de negocio. Entre las cacerolas, tenazas, arados y pajareras habían pasado patrón y empleado y treinta y cinco años de aguarrás, tornillos y dar el vuelto".[26]

Pero por tratarse del corazón de la transposición cinematográfica, quizás *Senso* sea –junto a *Jules y Jim*, de François Truffaut– uno de los casos más extraordinarios en el uso de la voz *off* como complemento dramático, narrativo y sonoro. En esta película, Luchino Visconti trasladó un cuento de apenas treinta páginas escrito por Camillo Boito: *Senso –del cuaderno secreto de la condesa Livia–*. Para esa tarea se unió a

---

26. Jury, Jorge Zuhair: "El dependiente", en Jury, 1969, pág. 55.

la notable Suso Cecchi D'Amico y sumó la colaboración de Carlo Alianello, Giorgio Prosperi y nada menos que la del escritor Giorgio Bassani. Son diversos los aspectos que jerarquizan la clase de transposición realizada por Visconti, si bien parece casi un acto de transparente visibilidad que en el cuento la pareja se conozca en un balneario de Rima y en el filme lo hagan en un teatro de ópera. Entre los aspectos que jerarquizan la transposición no debieran estar ausentes la inclusión de la ópera como concepto espacial y sonoro, o la sorprendente similitud para trabajar de un modo artificial tanto los interiores como los exteriores, o un uso agobiante y continuo de la música de ópera que no sólo funciona como prolongación sonora de los sentimientos de la condesa Livia (Alida Valli) por el teniente extranjero Franz (Farley Granger) sino como relevo sonoro de la la voz *off* y, finalmente, la construcción de un punto de vista subjetivo dado por la voz *off* de ella, pero que la cámara nunca duplica visualmente, al no incluir en casi ninguna escena un primer plano del rostro de ella ni de aquellos a quienes observa. Precisamente, lo que nos ocupa es el uso de la voz *off*.

Había en el material literario original un relato narrado en forma de diario privado de la protagonista Livia; por lo tanto, que Visconti optara por emplear una voz *off* de ella no es una sorpresa. Sí lo es la manera singular en que inserta esa voz *off* en relación con los otros materiales de su película. Si tomamos el pasaje en que Livia sigue por largas calles desiertas a Franz (en el cuento, Remigio), vemos que en ningún momento la oímos decir textos que reproduzcan monólogos interiores, sino sólo fragmentos esquivos y ubicuos de su pensamiento, como cuando dice "Caminamos mucho. Juntos. Por calles vacías. Ya no tenía miedo. No existía el tiempo". Pero estas cinco frases, de una brevedad imposible de reducir, se suceden durante casi tres minutos de narración, son presentadas de modo escalonado por algún diálogo también epigramático con su enamorado, aisladas de toda continuidad explicativa, inundadas o alternadas por la música que ingresa o se fuga de la banda sonora, acompañada por varios fundidos encadenados que hacen falsas elipsis temporales.

Esta descripción de los procedimientos empleados por Visconti grafica un tipo de trabajo sobre la voz *off*, que pudo ejemplificarse con otros pasajes, como cuando une el texto de la carta de Franz con el viaje en carreta y su propia voz. El detalle de estos procedimientos tiene por objeto demoler por reduccionista la idea de que toda voz *off* es un síntoma de abulia o de ausencia de problematización respecto del acto de transponer un relato literario al formato cinematográfico.

d) El monólogo interior y los discursos sobre el pensamiento

En la transposición, si bien hay aspectos de la narrativa literaria que se presumen más factibles de convertirse en escenas cinematográficas –descripciones de lugar o personajes, acciones puras, diálogos–, también es cierto que hay otros aspectos que son la bestia negra, el infierno tan temido, la zona fantasmática del cine basado en obras literarias. Concretamente, lo relacionado con los pensamientos, soliloquios, el fluir de la conciencia y el monólogo interior.

Ciertos análisis apresurados tienden a simplificar las dificultades que representa el pasaje de la dimensión mental, según la concibe la literatura, al territorio del cine. Esas simplificaciones pretenden –como se veía en el apartado anterior– que tanto un diario privado como la voz interior de uno o más personajes, o un monólogo interior, pueden ser resueltos con la medicina que cura todos los dolores: la voz *off*. Sin embargo, el tipo de vínculo que nos confía un personaje literario o un narrador sobre su personaje no es análogo al que puede establecer el cine entre el personaje y el espectador.

Esta asimetría se funda, esencialmente, en que el monólogo interior consigue una cercanía afectiva con el personaje, mientras que, con frecuencia, la voz *off* consigue más distancia que identificación. ¿Por qué ocurre esto? Sería demasiado obvio hablar del pacto privado inherente al formato literario, por lo que parece más preciso aludir al propio mecanismo del cine, donde el hecho de que el espectador vea al personaje hablando no es equivalente a oírlo sin que se lo vea. Ese juego entre lo subjetivo y lo objetivo es un aspecto crucial del trabajo sobre el punto de vista en el cine, tema del que nos ocuparemos más adelante.

Ahora bien, supongamos que la voz *off* –sea del tipo que fuere– resolviera con cierta elegancia o probidad el dilema de qué hacer con los pasajes donde se incluyen pensamientos o monólogos interiores del personaje. ¿Qué haríamos en aquellos casos donde no es el personaje quien fija ese nivel asociativo sino el autor-narrador? ¿Qué hacer con un caso testigo, como *El sonido y la furia*, de William Faulkner? ¿Qué decisión adoptar frente a ese falso prólogo que nunca se cierra como tal para dar paso sin solución de continuidad a peripecias descriptas con una métrica y organización que privilegia con nitidez la función poética del lenguaje? ¿Son escindibles, aislables, los pasajes de "acción física" de su plano subjetivo, mental, imaginario? O para no ir tan lejos en el tiempo y la geografía, ¿qué hacer con relatos como *La señorita Cora*, de Julio Cortázar? ¿Sería imaginable o factible una transposición? Porque allí Cortázar construye un relato con distintos narradores que se suceden, en una alternancia que inicialmente está discriminada por los puntos aparte, que definen cuándo termina de hablar uno para pasar al otro. Pero pasadas las primeras páginas, el procedimiento se transforma, ya que en un mismo párrafo, muchas veces sin emplear el punto aparte, cambia la "voz narrativa", a veces enmarcada entre dos comas, sucediéndose distintos narradores a los que distinguimos por los registros de habla.

En esos casos, la voz *off* no es más el arma infalible que parecía ser, dejando al descubierto sus límites. Lo que aparece aquí como axioma es que no todos los problemas que presenta el soporte literario tienen posibles equivalencias unívocas. Más aún si se piensa en resolverlo a partir de otro lugar común, el que predica la analogía entre el monólogo interior de la literatura y el montaje cinematográfico.[27] En caso de adoptar esta idea reduccionista, ¿cómo podrían resolverse esos dos aspectos específicos de *El sonido y la furia* y *La señorita Cora*? ¿Cuáles serían los modos posibles de analogía a través del lenguaje cinematográfico? ¿Debieran yuxtaponerse por fundidos encadenados los rostros de quienes van narrando? ¿Habría que hacer hablar a un personaje e interferir su parlamento con brusquedad, dando cabida a otro parlamento que también quede interrumpido, dejándolos en oscuro suspenso? ¿Cuáles serían las herramientas, los instrumentos cinematográficos para producir este "efecto"? Porque, cuando un cineasta cree ver una posible película en un texto literario, entre las muchas razones posibles hay una que parece imponerse sobre las otras: la de buscar que su película recupere, reproduzca o prolongue el "efecto" que produjo en él ese texto.

Siguiendo en esta dirección aparece como más que acertada la observación que hizo Pauline Kael al reseñar la versión fílmica de *Ulysses*, cuando apunta:

> Joyce nos da el drama dentro de la conciencia de Stephen. La película "Ulysses" puede mostrar el encuentro entre Stephen y su hermana cuando ella está comprando el manualcito de aprendizaje de francés, pero falta lo principal, lo que hace que nos interesemos por esa escena en la novela: el remordimiento de la conciencia.[28]

---

27. Esta analogía es planteada por Edward Murray en el capítulo X de *The Cinematic Imagination –Writers and the Motion Pictures–*, ob. cit.
28. Kael, Pauline: "Ulysses", *New Republic*, 6 de mayo de 1967.

Lo que Kael puntualiza como problema de la transposición del texto de Joyce es en verdad menos un juicio que una interrogación sobre los modos y dificultades del cine para desplazarse hacia el interior de los personajes. Con otras palabras, plantea una idea similar a la de Edward Murray, cuando afirma que el cine funciona extrayendo el pensamiento de la imagen, mientras la literatura logra extraer la imagen del pensamiento.

La reflexión sobre las equivalencias pareciera aportar más certezas cuando se trata de cierta clase de procesos mentales, como el recuerdo o el sueño, frente a los cuales el cine parece haber hallado respuestas satisfactorias, incluso operando por corte directo de montaje, sin recurrir a ciertos efectos como la disolvencia, la imagen que flamea o el cambio de luz o textura cromática. En este sentido, el caso de la transposición del relato *Las cosas de la vida*, de Paul Guimard y dirigido por Claude Sautet, adquiere una significación particular en tanto está concebida de modo casi absoluto a partir de imágenes mentales del protagonista narrador. En la novela, el personaje se decía a sí mismo: "Hay que poner en orden estas ideas confusas e inconexas".[29] Y de eso se trata, precisamente, la versión que hicieron el propio autor, más el director y el dialoguista Jean-Loup Dabadie.

El filme respetó el concepto de organización del texto, con una narración que siempre va hacia atrás y tiene apenas una mínima y decisiva secuencia en tiempo presente –el accidente de auto donde Pierre queda en estado de coma– y luego nueve décimas partes de *flashbacks* puros y sobrepuestos, con el añadido de monólogos interiores del moribundo. Pero, ¿de qué modo zanjaron los problemas de la interioridad mental del personaje? La respuesta consistió en evitar todo lo posible que Pierre (Michel Piccoli) hable en los segmentos mentales, en graduar la información de los *flashbacks* para potenciar la intriga sobre el desenlace, en trabajar sus asociaciones mentales mediante elementos visualmente afines –una flor roja enlaza con el recuerdo de su mujer, que tiene un vestido del mismo color– y en reducir a su ínfima expresión los monólogos interiores del protagonista, reservándose su utilización para el epílogo, cuando el conocimiento empático que de él tiene el espectador no puede ser interferido por ningún motivo.

Si bien tomo un caso límite, por su empleo sistemático y extremo de ciertos procedimientos, sirve como modelo para entender que no es en la manipulación mecánica de los recursos donde se ilumi-

---

29. Guimard, Paul: *Las cosas de la vida*, Madrid, Rodas, 1973, pág. 82.

Dirk Bogarde en *Muerte en Venecia*, de Luchino Visconti.

nan las soluciones, sino en la clase de trabajo de la totalidad de la puesta en escena de un filme, entendido como un mundo autónomo y particular.

Un ejemplo diferente en relación con este tema de los discursos sobre el pensamiento puede ser el del filme *Muerte en Venecia*, que realizó Luchino Visconti como transposición de la novela de Thomas Mann. Allí había una serie de dificultades específicas, entre las cuales se destaca una estructura que gira en función no sólo de los pensamientos de su protagonista, Gustav von Aschenbach, sino de toda la gama de variantes de imágenes mentales: desde percepciones hasta imaginaciones, desde recuerdos hasta sueños.

Pero el nudo de esta transposición radica en que el texto carece de trama en el sentido convencional de la palabra, o al menos ostenta peripecias que sólo en dosis mínimas exponen el tortuoso itinerario interior de Von Aschenbach, buceando las raíces del mal y la creación como emparentados por una corriente oculta que los enlaza. Más allá de que Von Aschenbach remita al compositor Gustav Mahler, y que Visconti optara por hacer de esta alusión una evidencia, lo que narra Mann es una discusión filosófica sobre el arte y la disconformidad como esencia del talento, sobre la espiritualidad, la decadencia. Si bien hay un viaje de Alemania a Venecia que pareciera respetar la estructura mítica del periplo como iniciación, para Von Aschenbach se trata de una fuga personal de sí mismo, de su obra y de su pasado.

El propio Visconti y su coguionista, Nicola Badalucco, suprimieron toda la presentación del personaje, su desgarrado conflicto interno y los motivos que impulsan su viaje a Venecia, planteando por todo comienzo la fase final del arribo a Italia. Una primera pregunta, entonces, permite interrogarnos acerca de qué significa esta supresión. Y la complejidad de la respuesta podría sintetizarse en que no parecían demasiado felices las opciones de incluir esa densidad de tono de las reflexiones del compositor. Es que sus ideas recurrentes sobre la creación, la belleza y la decrepitud difícilmente habrían podido permanecer, a menos que Visconti hubiera optado por incluir una voz *off* que le habría dado un mayor "espesor literario" al relato, pero habría terminado por literalizarlo y devorarlo. De alguna manera, la opción de quitar o aligerar esa dimensión de belleza de los textos de Mann parece responder a un criterio transpositivo afín al de Seymour Chatman, cuando afirma que se deja lo que es "narrativa pura", quitándose todo aquello que "no puede ser transpuesto" por su lirismo o su "literariedad".[30]

Como la novela de Mann está desprovista de lo que se conviene en llamar trama –entendida como peripecias y obstáculos cada vez más arduos de sortear–, era notorio que todo debía sobrevolar la percepción aguda que Von Aschenbach tiene del mundo y de aquello que lo puebla. Era tan claro, que representó una de las búsquedas más tenaces de Visconti con su protagonista excluyente Dirk Bogarde, dado que el éxito dramático del filme descansaba en que el actor lograra que su cuerpo y las diversas zonas de su rostro sustituyeran el minucioso detallismo sensorial del personaje de Mann.

Con toda conciencia, Visconti sabía que la clave era el modo particular de mirar y actuar de Von Aschenbach, y las soluciones que adoptó el director difieren, evidentemente, en su pertinencia y en sus efectos. Así, cuando le informan al profesor que debe volver a Venecia, y éste grita y sonríe fugazmente sin que medie corte de montaje alguno, el autocontrol de Bogarde consigue un momento preciado y único de fusión entre el actor, el carácter de la escena y el personaje. Esta misma idea de la continuidad entre personaje y

---

30. Chatman, Seymour: *Historia y discurso. La estructura narrativa en la novela y en el cine*, ob. cit.

ambiente –metaforizada, incluso, por su enfermedad y la peste que avanza– otras veces es lograda mediante panorámicas, como buscando que el espectador se asocie con esa voluntad de descubrimiento que anima al personaje, a través de una mirada errática –en el comedor del hotel, en la playa– que se construye a partir de falsas o ambiguas tomas subjetivas. Sin tener una omnipresencia fatigosa, el uso del *flashback* sonoro va en dirección análoga, instalándonos en la subjetividad del compositor para poder reenviarnos a una escena pasada y recordada por él. Otras veces, en cambio, Visconti tropieza con los límites que impone el mismo medio, como al decidir el uso reiterado del *zoom* como inequívoco recurso para definir las subjetivas de su agonizante, o en la debilidad de los *flashbacks* de imágenes que acucian al personaje y parecen no tener más función que comunicarle datos al espectador, aunque la transposición agregara a un amigo de Von Aschenbach que oficia de interlocutor de sus reflexiones.

e) El punto de vista y el problema de los narradores

Si simplificáramos las enormes y estrictas puntualizaciones que frecuentan la teoría literaria y la teoría cinematográfica,[31] podríamos convenir en que la cuestión de la focalización o punto de vista y la de los narradores poseen un tronco problemático común. Pero el tema no es aquí la distinción entre ellos, ni su definición, sino el análisis de sus aspectos problemáticos a la hora del proceso que convierte un texto literario en un filme.

Las mayores dificultades que plantea la cuestión del punto de vista y los narradores apuntan a que la literatura goza de un grado mucho más amplio de libertad y autonomía para establecer el punto de vista, mientras que el cine, por las propias características del medio –y aquí las complejidades teóricas–, es un cautivo de la imagen que necesita mostrar a quien narra, siempre que haya un personaje que asuma este rol y pertenezca al relato.

Esta condición de cautivo originado en el propio estatuto del lenguaje cinematográfico, trae consigo una serie de problemas con la representación de los narradores, ya que, si lo estamos viendo, entonces,

---

31. Para un enfoque más detallado teóricamente, véanse Peña-Ardid, Carmen: "Cine y novela. Parámetros de una confrontación", en Peña-Ardid, 1996, págs. 143-154; Gaudreault, A. y Jost, F.: "El punto de vista", en Gaudreault y Jost, 1995, págs. 137-153.

Jake La Motta (derecha) en el combate por el título mundial de los pesos medianos que le ganó al –hasta ese momento– campéon Marcel Cerdan.

Robert De Niro interpreta a Jake La Motta en *Toro salvaje*.

¿quién lo está mirando a él? Ésta es la célebre discusión que se planteó con la transposición de la novela *La dama del lago*, porque el director Robert Montgomery hizo caso omiso del lenguaje del cine y convirtió la cámara, en sentido estricto, en los ojos del detective. Y si bien retornaremos más adelante sobre ella, viene a cuento establecer la comparación con otro policial negro con predominante punto de vista de primera persona, como es *El halcón maltés*, sobre el relato de Dashiell Hammett. En esta transposición, realizada por John Huston, la resolución fue muy diferente, dado que el director trabajó con una puesta de cámara centrada en los ojos de Sam Spade –partiendo de la idea de que vemos a Spade viendo–, al mismo tiempo que respeta la presencia relativa de él en la escena como equivalencia del relato en primera persona de la novela.

Como puede notarse, la problematización del narrador en primera persona es, precisamente, una de las zonas más delicadas del problema del punto de vista. A sabiendas de que si el análisis es riguroso la construcción de una primera persona en cine es imposible, podemos ver lo ocurrido con el filme *Toro salvaje*, dirigido por Martin Scorsese sobre la autobiografía del boxeador Jake La Motta. Más allá de que –como puede suponerse, tratándose de una autobiografía– La Motta recorra sus escarceos juveniles en el barrio, el texto es un profuso *racconto* de su historia desde su presente de hombre de cuarenta años. Scorsese opta entonces por mantener esa modalidad temporal, así como un amplio número de las situaciones que se narraban en el relato literario. Pero lo que importa, aquí, es el intento del director de edificar con los recursos del cine ese punto de vista subjetivo. Para eso se ocupa de proveer detalles visuales y auditivos que pueden hacer que el espectador se identifique con el personaje, pero sólo en los momentos que dramáticamente justifican esos "cambios": utiliza la cámara lenta cuando La Motta (Robert De Niro) ve a Vickie (Cathy Moriarty) con unos *capomafia*, o quita el sonido ambiente en la pelea decisiva con Jimmy Reeves, o aumenta el timbre de los bramidos durante un combate pero sólo en el caso del protagonista, y por último trabaja las subjetivas casi exclusivamente cuando quien mira es Jake.

Finalmente, para cerrar esta zona conflictiva del punto de vista, vale la pena trabajar con dos filmes donde la cuestión de los narradores y el juego entre lo objetivo y lo subjetivo se plantean de manera diversa e igualmente seductora. Se trata de dos películas cuyos directores comparten no pocas vecindades: *Los fantasmas de un hombre respetable*, de Claude Chabrol, y *Psicosis*, de Alfred Hitchcock.

Con dificultades disímiles de las planteadas sobre el uso de la primera persona, Claude Chabrol realizó *Los fantasmas del sombrerero*, concretando un sueño largamente deseado: filmar su novela predilecta de Georges Simenon. Y abordó el texto con veneración, intentando no alterar lo esencial: el peso de la lluvia continua, los dos comercios separados por una calle, la enfermiza relación de dominio/sumisión entre el sombrerero Labbé (Michel Serrault) y el sastre armenio Kachoudas (Charles Aznavour), el motivo de los crímenes, el respeto por la acción ceñida a espacios mínimos y recurrentes, las cartas que el asesino arma con trocitos del diario *L'Echo de La Rochelle,* el foco narrativo escindido entre los distintos personajes centrales.

En la novela, Simenon utilizaba una tercera persona lábil, a la que recurría y de la que se distanciaba según las necesidades narrativas, incursionando ocasionalmente en los pensamientos o la mirada subjetiva de Labbé. Sin hostigar su relato hacia un punto de vista puramente subjetivo, define sus intereses, como en el hecho que conocemos el interior de la casa del asesino pero no el de su vecino sojuzgado. También hay en este filme un muy preciso ejemplo de que no existen recursos aplicables a los problemas de todos los filmes: que Labbé hable en soledad durante gran parte de la narración, en otra película, con un personaje de otras características, quizás motivaría a risa, pero aquí se trata de un asesino de personalidad desdoblada, que además hace tiempo mató y embalsamó a su mujer, con la que dialoga frecuentemente. De ahí la pertinencia del soliloquio.

Este tipo de pasajes y decisiones son los que suelen oficiar de piedras en el camino de la transposición y demarcar el territorio de las versiones valiosas de las meramente técnicas. Chabrol mantiene todo el andamiaje, pero se permite dejar el plano de los pensamientos del sombrerero haciendo que en varios pasajes hable en voz alta, sólo para sí mismo. No conforme con eso, quiebra la temporalidad del relato para agrupar una serie de *flashbacks* que se presentan encadenados –unidos por el cerebro de Labbé– y escogidos con notable criterio selectivo, motivo por el cual situaciones muy dialogadas entre el sombrerero y su esposa fueron limadas hasta lo mínimo indispensable.

El caso de *Psicosis* exhibe aristas más que seductoras, porque allí todo el problema de la instalación del punto de vista implicaba, además, franquear o no límites de ética hacia el espectador.

Cuando Alfred Hitchcock decidió filmar *Psicosis*, le pidió velocidad de trabajo a su guionista Joseph Stefano, y éste, a su vez, sugirió al director hacer *"más agradables los personajes".*[32] Esta visión, aceptada por

---

32. Rebello, Stephen: "Alfred Hitchcock goes Psycho", *American Film*, 15, n° 7, abril de 1990.

Hitchcock, motivó algunas decisiones relevantes para tejer una mayor ambigüedad sexual en la trama; por ejemplo, hicieron rubia a la morena Marion Crane, y, lo más destacado, quitaron del desdoblado Norman Bates todos los apuntes arquetípicos con que lo definía Robert Bloch en el texto. Norman dejó de ser un obeso calvo y cuarentón, y tan culto y autoconsciente como para estudiar cultos incaicos o comparar su vida con *Macbeth*. Para Hitchcock y Stefano fue un muchacho de poco más de treinta años, delgado, amante de la taxidermia.

Sin embargo, el eje crucial de la transposición consistió en un cambio respecto de la focalización, ya que Hitchcock decía que Bloch engañaba al lector, dándole vida real o existencia material, en la novela, al cadáver disecado. La "lectura" de Hitchcock era acertada, porque en el texto de Bloch los dos personajes (madre e hijo) dialogaban, aspecto acentuado por los dos tipos de letra que el escritor asignaba según hablara uno u otro, sin que hubiera pista alguna para inferir que esos diálogos eran fruto de la pura subjetividad de Norman. Bloch pasaba de un narrador a otro, planteando estos narradores como personajes con existencias separadas, lo cual no era cierto. Es más que pertinente decir aquí, por ejemplo, que en la novela *El exorcista*, el escritor William Peter Blatty también tenía entre manos un personaje desdoblado –la posesa Regan–, y usó el mismo recurso del tipo de letra cursiva para los pasajes en que hablaba el demonio, aunque siempre es claro en el texto que se trata solamente de un personaje que ocupa el cuerpo de Regan y nunca se desprende de la lectura que se trata de dos personajes con entidad y materialidad concretas.

Volviendo a *Psicosis*, es crucial entender que las decisiones que tomó Hitchcock estuvieron relacionadas con la utilización de las herramientas propias del cine. Nunca mostraba a mamá Bates, si entendemos que para los códigos del espectador cinematográfico mostrar un personaje es ver su rostro. Lo que hizo Hitchcock fue, más bien, ceñirse a lo que podríamos definir como planos subjetivos de "mamá/Norman", es decir, se ve sólo el rostro del personaje que la/los miraba, como Marion en la escena de la ducha, o el detective Arbogast en la escalera. Otro recurso fue ubicar la cámara de tal modo –a cierta altura, en cierta posición– que no permitiera ver el rostro de mamá Bates, como al inicio de la escena de la escalera, con ese contrapicado desde arriba del marco de la puerta por donde ella sale. En otros casos, la puesta en escena justifica los recursos narrativos, como en la escena del sótano, cuando se revela la verdadera identidad de mamá Bates, en tanto Lila Crane baja y golpea de un manotazo la lámpara.

Dos momentos en la filmación de *Psicosis*, de Alfred Hitchcock.

La cuestión de las equivalencias de procedimientos siempre fue una obsesión de directores y guionistas transpositores, y aunque puede discutirse como concepción ineludible del acto de transponer, también es cierto que el tema de las equivalencias pone en marcha la pregunta acerca de cómo respetar esos materiales que funcionaban tan perfectamente en el texto original, en busca de una quimera evidente: que el filme produzca en el espectador el mismo efecto o impacto que produjo el texto literario en el director.

Por lo tanto, la voluntad consiste en hallar recursos análogos o bien aquellos que se intuye que provocarán efectos similares. Y ahí es donde empiezan los problemas, donde esa zona de guerra, o por lo menos de litigio, que es el paso de la literatura al cine, deviene territorio aterciopelado, terso y las más de las veces simplificado. Es decir: cuando no se piensa en la propia materialidad del cine o en su lenguaje, sino en el respeto por mantener aquello que sedujo en la lectura del libro. Pero la cuestión del respeto o la fildelidad al texto, ya es otro tema.

3. Los modelos de transposición: de la adecuación al *camouflage*

De la infinita variedad de grados que puede exhibir una transposición, en general se explica menos de lo que se juzga. Más cerca de la pretensión estadística que de la justificación estética o estilística, los ensayos inspeccionan más los resultados que los procesos. Y son los procesos y la clase de operaciones realizadas los que demarcan esta zona de trabajo.

No es casual la idea de las operaciones realizadas, porque la acción del cirujano manipulando un cuerpo puede homologarse a la del cineasta o los guionistas trabajando en una transposición literaria: deben extirpar, sustituir, reemplazar órganos, reparar o dar otra dirección a ciertas funciones, suturar los cortes. Y el resultado es siempre un otro cuerpo, diferente, pero que lleva siempre las marcas o cicatrices de su renacimiento.

¿Qué es la transposición?

A la pregunta "¿en qué consiste transponer un texto literario al cine?", se podría responder con una paradoja: *En cómo olvidar recordando*. Este oxímoron, "cómo olvidar recordando", parecería una variación de la idea de la reminiscencia platónica: saber es recordar, pensar aquello que ya existía o se conocía como algo a recuperar. Pero, en realidad, tiene aquí otro sentido. Porque lo que implica ese "cómo olvidar recordando" es que da cuenta de una paradoja, de una dificultad materialmente insoluble de que aquello que preexiste desaparezca permaneciendo. Judith Mayne propone una variación refinada de esta paradoja, asegurando que en las adaptaciones al cine vemos la novela como en un sueño.[1] El punto en cuestión es que no se trata de que todo esté en ese tiempo original del libro –ya que todo texto supone algún texto anterior–, sino más bien de situarnos en el tipo particular de acto que es la transposición.

Cómo olvidar recordando quiere decir que ese origen no puede eliminarse como si jamás hubiera existido, pero que tampoco puede estar totalmente presente porque eso orillaría el peligro de anular la voluntad misma de la transposición. Por definición, el texto literario tomado para hacer con él un filme es deformado o alterado al ser transpuesto a otro código y otro lenguaje difuso, aunque haya quedado enterrado bajo múltiples capas de tierra, depositado en el fondo como un sedimento, como un resto o prueba de lo que fue más que de lo que pudo haber sido.

De allí la equivocación de quienes se obstinan en creer que lo más relevante es el respeto al texto primero, ya que ese vestigio que persiste en el filme no es la obra literaria –que sigue siendo igual, la misma– sino lo que ese filme hizo con ella, a lo que la redujo, el lugar que le confirió, la clase de lectura que hizo de ella. Lo que quedó no es la obra literaria sino el modo en que el director, los guionistas y los actores leyeron o interpretaron ese material para construir a partir de él una película.

Pero esa desaparición viviente del texto original, implícita en una transposición, indica que de algún modo está, que aquél sigue existiendo aunque sea visto como a través de un vidrio empañado. Por eso es que toda transposición es una versión, nada más que una versión que, en todo caso, puede inscribir su nombre en letras mayúsculas si el objeto literario al que se aferra goza de prestigio artístico. O bien, puede tratarse de un objeto literario que el filme procurará olvidar o minimizar, si la fuente de origen carece de tal prestigio artístico. Y entre ambos extremos, por supuesto, se abre una incalculable variedad de grados en una u otra dirección.

Al mismo tiempo, la conciencia de que una transposición sólo es una versión de tantas imaginables deja en evidencia su condición provisoria, de elección posible pero parcial, que podrá o no ser refutada, completada, ignorada por otras transposiciones que el futuro quizás aporte para confrontarla; la historia del cine es pródiga en estos casos o versiones múltiples. No hay manera de convalidar que una transpo-

---

1. La idea de Judith Mayne fue extraída de su artículo sobre "Nosferatu", incluido por Eric Rentschler (ed.) en *German Film and Literature: Adaptations and Transformations*, Nueva York-Londres, Methuen, 1986.

sición se autoproclame como lectura definitiva o única, porque eso equivaldría a pensar que la interpretación –y toda transposición indefectiblemente lo es– puede lograr que se clausure el sentido de una obra, negando toda otra lectura que pudiera hacerse.

Si es verdad que toda interpretación siempre es interesada y fragmentaria, también es verdad que toda interpretación supone una apropiación de aquello de lo que se infieren cualidades y sentidos. Las transposiciones son versiones e interpretaciones, es decir, modos de apropiarse de ciertos textos literarios: de hacerlos propios, convertirlos, honrarlos, maniatarlos, disolverlos.

Apropiarse de los textos es el acto por el cual el cine fija un vínculo, que el escritor José Bianco definió brillantemente como "imprevisible".

La apropiación es una de las modalidades posibles de vampirismo que los cineastas efectúan sobre las obras literarias. Pero apropiarse de ellas puede tener implicaciones diversas, por lo que no siempre debe ocurrir lo que al personaje de Henry James en *La próxima vez*, ya que no se trata de la vocación destructiva del artista mediocre obstinado en corromper al artista singular. No es que la apropiación tenga como correlato la anulación, sino que sólo implica clases de vínculos entre dos disciplinas.

De allí, entonces, que la discusión no debiera girar en torno de la proximidad del filme al texto fundante. La idea de "fidelidad", pretende salir al cruce y negar la idea de "apropiación", convirtiéndose en policía secreta de las transposiciones, al arrogarse el derecho de custodiar el origen. Pero ese origen se le reclama a los filmes, y no a los textos en que se basan o inspiran. ¿Qué queremos decir? Que siempre puede plantearse –como bien explica Gérard Genette–[2] algún antecedente o filiación de cualquier obra, sea o no literaria. Y aquí es común que se dispare una discusión sumamente interesante: cuando se intenta entronizar a un artista como alguien que explora novedosas potencialidades en el lenguaje de su arte específico (sea cual fuere), de inmediato aparecen quienes buscan y suelen encontrar sus precursores, tratando de demostrar que esas presuntas novedades ya habían sido probadas antes por otros artistas. Por ser vastamente conocido no deja de ser fascinante el ensayo "Kafka y sus precursores", donde Jorge Luis Borges rebatía por falaz esta última estrategia, explicando que

---

2. Genette, Gérard: *Palimpsestos. La literatura en segundo grado*, Madrid, Taurus, 1989, pág. 470.

sin ese artista disruptivo nadie se hubiera tomado el trabajo de rastrear sus antecesores.[3]

De todos modos, la palabra "fidelidad" es útil si se la entiende como sinónimo de clase de relación, es decir, de modos de "apropiación" respecto del sentido de las operaciones y los caminos por los que transitó el cineasta para vincularse con el material literario, de lo que al cabo resultó privilegiado para efectuar un trabajo.

Los criterios de la transposición: *El desprecio*

"Ahora tendré que imponer a *La Odisea* el consabido estrago de las adaptaciones",[4] piensa Riccardo Molteni en uno de los cuantiosos monólogos interiores que despliega *El desprecio*, la novela de Alberto Moravia. Es un buen punto de partida para plantear que más que uno entre tantos otros casos de transposición, *El desprecio* es una *summa* de todas las discusiones y todos los lugares comunes, de todos los conflictos y todos los resultados que supone la transposición como reflexión teórica y como problema práctico. Y hasta se podría ir más lejos y decir que es uno de los modelos más singulares –sino el único– capaz de contenerlo todo y de hacer que la fricción de los discursos de la literatura y el cine formen parte de las propias narrativas, tanto de la novela escrita por Alberto Moravia como del filme dirigido por Jean-Luc Godard.

En la versión de Moravia, *El desprecio* es un relato retrospectivo, donde un escritor devenido guionista, Molteni, se erige en narrador en primera persona rememorando el amargo desenlace de su pareja con la bella Emilia. Lo que Molteni va dando a conocer al lector no es sino la crónica pormenorizada y progresiva de ese resquebrajamiento amoroso, concentrado en esa oscilación entre la indolencia y el remordimiento que es una invariante de cierta zona de la vasta producción literaria de Moravia.

Pero más allá de su tenaz concentración en el punto de vista de Molteni, de la telaraña mental de la cual nos hace partícipes, la novela se vertebra en función de un triángulo y un espejo. Riccardo, Emilia y el brutal productor italiano Battista conforman un triángulo que funciona especularmente sobre la historia de los personajes de *La Odi-*

---

3. Borges, Jorge Luis: "Kafka y sus precursores", en *Obras completas*, t. II, 1952-1972, Buenos Aires, Emecé, 1993.

4. Moravia, Alberto: *El desprecio*, Buenos Aires, Losada, 1956, pág. 84.

sea, cuya versión está rodando el veterano cineasta alemán Rheingold bajo las órdenes despóticas de Battista.

Godard asegura que *El desprecio* fue su filme sobre el clasicismo[5] y que incorporó a Fritz Lang como personaje en el rol del director alemán porque lo admiraba, aunque Moravia había descripto al personaje en nada parecido a Lang si bien el personaje había hecho filmes monumentales en la Alemania pre-nazi. Ésa es la razón por la que Godard dijo querer conservar la idea del cineasta alemán, pese a que antes y después empleó realizadores como personajes episódicos, como hizo con Jean-Pierre Melville en *Sin aliento* y con Samuel Fuller en *Pierrot, el loco*. Ser fiel a la novela, para Godard, consistía en esa decisión, que lo hizo optar por sustituir los nombres y las nacionalidades de los actores: Riccardo Molteni pasó a ser Paul Javal, Emilia pasó a llamarse Camille, Battista se convirtió en Jerry Prokosch y, como quedó dicho, Rheingold se transformó en el personaje real Fritz Lang.

Al mismo tiempo, Godard explicó que su voluntad estuvo centrada en hablar sobre el cine antes que sobre la historia de una pareja, jerarquización exactamente inversa a la que, según él, priorizó Moravia. Esta distinción que hace Godard entre la novela y su película merece discutirse no sólo porque Moravia dedica cinco páginas a describir la tarea del guionista, sino porque expone paso a paso las discusiones sobre el cine *kolossal* y el cine neorrealista, sobre el sentido comercial de un guión "cómico-sentimental", sobre las razones por las que los decorados de Cinecittá y Capri pueden servir para el rodaje, sobre cómo debe leerse un texto según distintos criterios de transposición de *La Odisea*, tanto los del narrador como los de Rheingold y Battista, y hasta se permite incluir la escueta sinopsis que redacta Molteni.

Es difícil acordar con Godard sobre las distancias entre novela y filme si el meridiano diferenciador pasa por cuánto se habla de cine y cuánto de una pareja en el texto y en la película, ya que eso obligaría a una cuestión de volúmenes más que de procedimientos, a relevar si el hecho de que veamos a Lang en un *set* implica "hablar más de cine" que leer una profusa transcripción del significado de dirigir un filme. Además, la idea de que el cine para Riccardo-Paul es un territorio civilizado y que para Battista-Prokosch es el territorio de la brutalidad, no ofrece diferencias sustantivas entre ambos formatos. En todo caso, el dilema que anima a Moravia y a Godard es el tipo de relación que

---

5. Godard, Jean Luc: *Introduction à une véritable histoire du cinema*, París, Albatros, 1980, y *Jean-Luc Godard por Jean-Luc Godard*, Barcelona, Barral, 1971.

puede establecerse con el clasicismo, con los sentimientos y el arte clásicos: como núcleo estructural, el problema de la transposición de un clásico.

¿Cómo transponer un clásico? A esta pregunta, la novela responde a través de personajes que imaginan la transposición de *La Odisea* desde distintas perspectivas, aunque todas esas posturas estén tamizadas por el filtro de la voz narrativa única de Riccardo. En una de las discusiones iniciales, Battista se interroga sobre la viabilidad de una película sobre *La Odisea*, y Molteni le pregunta si sería sobre *La Odisea* o sobre un episodio basado en *La Odisea*. Luego, Battista les explica (a Molteni y a Rheingold) que "deben traducir la poesía a la pantalla",[6] para luego empezar a seleccionar los pasajes de Nausícaa y Polifemo como ejemplos de lo que le interesa. Pero a medida que el relato avanza, vemos que Molteni cree que modernizarlo es un acto de profanación, que Rheingold entiende que sus significados deben permanecer ocultos, y que Battista cree que deben conseguir hacer un filme espectacular.

¿Cómo transponer un clásico? En la película, si bien los personajes confrontan hipótesis acerca de cómo filmar *La Odisea*, es el propio Godard quien asume ese vínculo conflictivo con el clasicismo, convirtiendo la misma puesta en escena en territorio de tensión. No es casual, entonces, que haya incluido a Fritz Lang, ni que los exteriores del estudio estén revestidos con el afiche de *Hatari*, ni el tipo de partitura de Georges Delerue, ni los *inserts* de las esculturas de Minerva o Neptuno, ni que filme Cinecittà como si fuera el nuevo templo de los dioses modernos, ni que todo el filme tenga apenas 149 planos, en una sistematización del plano secuencia insólita en un director que hizo de la discontinuidad del montaje una de sus herramientas preferidas.

¿Cómo transponer un clásico? Convenir que toda transposición es una puesta en relación, permite pensar que el cine de Godard, y *El desprecio* en particular, son perfectas evidencias de esa afirmación. La memoria no como alambrada del pensamiento, sino como sinónimo de fecundidad. Hacer pervivir la tradición sin confinarla a un museo de la momificación, pero tampoco banalizándola, ni reduciéndola a gestos o efectos culturales. Establecer una continuidad con lo clásico es el modo de la modernidad, pareciera decir Godard.

¿Cómo transponer un clásico? Si el *Ulises* fue la manera que Joyce encontró para dialogar con el clasicismo, *El desprecio* es el *Ulises* de

---

6. Moravia, Alberto: *El desprecio*, ob. cit., pág. 74.

Afiche publicitario de *El desprecio*, de Jean-Luc Godard

Godard. El cine es hoy el campo de batalla donde se dirime ese diálogo que confronta cinefilia (Paul) o amnesia (Jerry), y es también el laboratorio donde la belleza de la naturaleza (la villa de Jerry en Capri) confronta con la belleza del arte (Cinecittá), ya no con vistas a una improbable síntesis sino atendiendo a una posibilidad de integración más que de convivencia.

¿Cómo transponer un clásico? La inextinguible discusión entre la teoría y la práctica nunca cobró en la obra de Godard la dimensión que tiene en *El desprecio*. Cada uno de los tres personajes masculinos –que pertenecen al mundo del cine– representa una manera particular de escenificar esta disociación: Paul piensa pero no actúa, Jerry sólo actúa, y Lang no tiene más opción que actuar.

¿Cómo transponer un clásico? Si la contraseña de las transposiciones es la fidelidad, qué quiere decir ser fiel a un clásico. Los personajes discuten intentando llegar a alguna certeza que se aproxime a la verdad del texto, pero quien usa la palabra propiamente dicha es Battista, aunque bien pudo emplearla Jerry: "Dejemos bien asentado que yo quiero una película que sea lo más fiel posible a Homero".[7]

¿Cómo transponer un clásico? La fidelidad al texto es un pretexto para debatir no el problema del origen, sino el sentido de un clásico. La fidelidad puede servir para pensar la transposición, pero también puede ser un cerrojo que deje al autor encadenado, como en el mito de la caverna platónica. Justamente, los reenvíos entre la historia de pareja de Paul y Camille, la de Ulises y Penélope, y la de la relación que debe mantenerse con el texto clásico, todas sobrevuelan el problema de la fidelidad.

¿Cómo transponer un clásico? Curiosamente, el primer libro sobre literatura y cine publicado en español –escrito por Pío Baldelli– ubica al comienzo del texto una prolongada discusión sobre el filme *Ulises*, de Mario Camerini, reproduciendo todos los comentarios inflamadamente adversos de catedráticos y especialistas sobre la transposición banal realizada sobre *La Odisea*.[8] Otra vez, la transposición hablando de la transposición, y la modernidad hablando del clasicismo.

¿Cómo transponer un clásico? Como suele ocurrir con los filmes de Godard, sus interrogaciones siempre oportunas nunca piden respuestas, sino otras interrogaciones: ¿qué es el sentido?, ¿qué es ser fiel a la obra?, ¿qué es la literatura?, ¿qué es el cine? Por eso, la versión cinematográfica que Godard hizo de la novela *El desprecio* comienza con una cita de André Bazin y termina con la voz de Fritz Lang pidiendo silencio. Antes y después de las discusiones por el sentido está la afirmación del cine.

¿Qué es la fidelidad al texto?

Es moneda de cambio que los acercamientos y distancias con el texto de origen sean juzgados con la vara de la "fidelidad". Como es obvio, la palabra "fidelidad", aplicada a los dilemas específicos de la transposición, conlleva una contundente carga de materialidad positiva. De tal modo, quienes supuestamente se acercan más al origen re-

---

7. Moravia, Alberto: *El desprecio*, ob. cit., págs. 132-133.
8. Baldelli, Pío: *El cine y la obra literaria*, Buenos Aires, Galerna, 1977, págs. 11-22.

ciben como premio el aval de académicos y críticos, mientras que quienes supuestamente se alejan de ese origen reciben como castigo el desdén inquisidor de académicos y críticos. En realidad, esta voluntad inmanentista y policíaca no debería sorprender, ya que es un efecto de esa conspicua tradición de seguir considerando al cine como el menor en el escalafón de las bellas artes. Al mismo tiempo, lo que hace esta concepción es esquivar el análisis de los resultados del trabajo y de los motivos de cercanías y distancias. Es lo que ocurrió con el filme de John Huston, *Los muertos*, sobre el relato de James Joyce, del que nos ocuparemos más adelante.

Si tomamos el caso del debut de Alfred Hitchcock en Hollywood, podemos ver que el problema de la fidelidad no es planteado solamente por académicos y críticos, o por los lectores que van a ver el filme con la lupa mnemotécnica del original, que –como suele ocurrir con la memoria– ajusta, corrige u olvida otros problemas que quizás había en el texto, a cambio del aroma que persiste del libro y que no es sino un efecto de lectura que ese libro produjo en quienes lo leyeron. El cruce atlántico de Hitchcock a los Estados Unidos, a su vez, evidencia que también en los productores habita y habitó la creencia en la fidelidad como reaseguro o escudo estético.

Aunque hacia el final de su trayectoria Hitchcock sostenía que con las novelas a trasladar lo que debía hacer el cineasta era leerlas, tomar la idea y olvidarlas –como si fuera un tren que no se detiene en la estación a la que uno va–, el inicio de su extraordinaria etapa en Hollywood lo confrontó con otra visión, pretendidamente más "purista" en los procedimientos de transposición. Fue cuando David O. Selznick compró los derechos de *Rebeca*, de Daphne Du Maurier, con el objetivo de que Hitchcock canjeara Gran Bretaña por el perfume embriagador de Hollywood, y lo hizo pensando en convencerlo de que "dirija Rebeca, y no una versión distorsionada y vulgarizada"[9] basada en *Rebeca*, según palabras textuales de Selznick. Y más allá de que los estridentes intercambios epistolares entre productor y director quedaron ampliamente documentados,[10] queda por entender qué quería decir Selznick –un notorio monarca– con ese absolutismo de que no existe ninguna mediación entre ambos medios.

En realidad, las sugerencias de los encargados de la transposición, Philip MacDonald y Michael Hogan, fueron a su vez modificadas en

---

9. Spoto, Donald: *Alfred Hitchcock. El lado oscuro de un genio*, Barcelona, Ultramar, 1985, pág. 209.
10. Behlmer, Rudy: *Memo from David O. Selznick*, Nueva York, Viking, 1972.

parte por los guionistas Robert E. Sherwood y Joan Harrison. Exceptuando cambios puntuales y menores –presentación de ciertos personajes, ausencia de ciertos decorados, o situaciones que cambiaron de lugar–, la decisión general, en términos de estructura y punto de vista, fue la imaginable: consistió, básicamente, en dar un nombre a esa primera persona anónima de la novela que pasó a llamarse Mrs. de Winter y en mantener el foco narrativo. Du Maurier, por ejemplo, escribía, en el capítulo 14: "Me hallaba en el corredor de aquella primera mañana. No había vuelto entonces ni había sentido deseos de hacerlo". O apuntaba: "Yo permanecí inmóvil, esperando. Volví a la realidad al escuchar el tictac del reloj de pared". O escribía: "El armario exhalaba por sus puertas un aliento de viejo. Lo cerré, y volví a la alcoba".[11]

Si el centro del *suspense* estaba en dejar a Rebeca en un fuera de campo visual, el hecho de que la mirada de Mrs. de Winter (Joan Fontaine) represente la inquietud del espectador no sólo no desmiente la premisa de la novela, sino que la refina. Es notorio que Selznick buscaba una "ilustración del texto" y no "un filme de Hitchcock", y al creer esto –él, que hizo lo imposible por arrastrarlo hasta Hollywood– ponía al descubierto que el cine era un arte subsidiario o menor de la literatura.

El caso Selznick-Hitchcock tiene la virtud de enfocar el problema crucial de qué quiere decir ser fiel al texto de origen, en tanto alternativamente se imponen dos juicios antagónicos, y ambos teñidos de un evidente sesgo negativo: o bien que se "traiciona" al texto, o bien que se lo "ilustra". La pregunta que se impone es: ¿cuáles y cuántos debieran ser los cambios para que no ocurra lo uno ni lo otro, ni una "traición" ni una "ilustración"? Y es indudable que no hay una respuesta unívoca que zanje la discusión.

Pero más allá de las objeciones terminológicas, de todos modos, podría recuperarse la palabra "fidelidad", aunque entendiéndola como sinónimo de relación, de vínculo entre la letra del texto y las imágenes y los sonidos del filme, como remisión a la lógica que se priorizó en la transposición respecto de las operaciones y el sentido de los resultados. En esta dirección hay una primera pregunta clave: ¿cuántos cambios y de qué clase son los necesarios para hablar de "fidelidad" a la obra literaria de origen? Es obvio que no estamos planteando una microscopía de la deuda con el texto, lo que podría llegar a determinar que se sancione por "infiel" a *Senso,* porque en el cuen-

---

11. Du Maurier, Daphne: *Rebeca*, Barcelona, Plaza & Janés, 1974, págs. 223 y 224.

to la protagonista llegaba a la calle San Esteban 147 y en el filme lo hacía a San Esteban 149...

Este interrogante sobre la clase de transformaciones que permiten evaluar los criterios de transposición implícitos, ofrece infinidad de casos para la discusión, de los que tomaremos sólo algunos ejemplos puntuales. Se trata de dos novelas y dos autores cuyas transposiciones se rodaron casi simultáneamente y que seleccionamos por sus poéticas antagónicas. Uno de esos autores (Elmore Leonard) convierte el diálogo en su instrumento decisivo y sólo nos hace partícipes de la interioridad de los personajes en dosis muy moderadas; el otro (Vladimir Nabokov) prácticamente prescinde del diálogo, y cifra su estilo en el trabajo sobre la interioridad. Esas divergencias entre ellos, sin embargo, no impiden que pueda plantearse una pregunta que temerariamente los puede comparar: ¿por qué y cómo es posible que Quentin Tarantino, en *Triple traición*, a pesar de haber trastocado la heroína rubia convirtiéndola en negra de la novela *Rum Punch*, de Elmore Leonard, mantenga la "fidelidad" al texto, y no así un filme como *Lolita* de Adrian Lyne, cuya voz *off*, en muchos momentos fue extraída literalmente de las páginas del libro de Vladimir Nabokov? Se trata de una pregunta provocadora, más allá de la pertinencia –quizás dudosa– de poner en relación a escritores y cineastas con nulas correspondencias, valoraciones o cercanías estéticas y narrativas.

Rum Punch es una novela de delincuentes sin mayor imaginación, pero con una especie de voluntad de profesionalismo. Ya no están aquí las mafias de poderosos italianos que se disputan el control del gran negocio; en esta Florida todo es más pedestre y banal, con centroamericanos indocumentados que ostentan automóviles gigantescos, ropa y mujeres vistosas y casas de un mal gusto indescriptible. Todo el sistema de la novela consiste en ir alternando la acción entre varios personajes centrales –Jackie Brown, Ordell y Louis Gara, los agentes Mark y Ray, y Max Cherry–, que van tejiendo una intrincada trama de engaños y simulaciones. Todos buscan un negocio salvador y tratan de idearlo, hacerlo y concretarlo en soledad. De tan pragmáticos, suelen parecer algo estúpidos. Tarantino no hizo grandes transformaciones en la trama de su versión, *Triple traición*, en la que los personajes conservan el sistema narrativo y el tipo de diálogo brutal y espiralado tan propio de Leonard. Sin embargo, también es cierto que Tarantino incluyó algunos temas musicales que no escuchaban los personajes de Leonard (quienes varias veces escuchaban música y el autor la detallaba). Ello hizo recrudecer cierto humor que no tenía tanto peso e introdujo cambios relevantes en dos elementos cruciales: la conversión de la rubia Jackie en negra y la historia de amor de ella con Max

Cherry. Respecto del cambio de "color" de Jackie Brown, parece una decisión osada de Tarantino, pero en rigor potencia los elementos que preexistían en el personaje. Respecto de la historia de amor, si bien la novela la deslizaba, en la película está decididamente implotada.

En la más reciente versión de *Lolita*, el director Lyne y su guionista, el periodista cultural Stephen Schiff –elegido después de desechar dos versiones previas de Harold Pinter y David Mamet–, acordaron la premisa de convertir en externo todo lo que en la novela de Nabokov pertenecía a su mundo interno, con lo que corrían el riesgo de perder mucho de los giros autoparódicos, los pliegues de personajes y discursos, las voces y los registros que entronizaron la novela en el sitial de clásico de la modernidad. La sustitución de los varios planos narrativos que se suceden tanto como se superponen, derivó en una linealidad que se despojaba con demasiada facilidad de todas las asperezas. Incluso el Humbert que interpreta Jeremy Irons no está esculpido sobre los desdoblamientos del personaje, sino sobre la búsqueda de la empatía con el espectador, limando el patetismo burlón, la autoflagelación y la sinuosidad viscosa que eran constitutivos del personaje de la novela.

Sin embargo, convencidos de que ese problema era irresoluble en una transposición que pudiera ser tolerada –ellos dijeron "comprendida"– por el mercado cinematográfico, Lyne y Schiff no decidieron reescribir el texto de Nabokov. La prueba está en que intentaron mantener no sólo las peripecias de la trama –a veces lograda, como el profuso viaje por las carreteras– sino también ciertas zonas literales de la letra primigenia, como se ve en la inserción del monólogo de Humbert del epílogo. En ése y en otros pasajes, Lyne extrae e implanta en su *Lolita* textos del diario de Humbert, buscando que ese juego con el lenguaje –del que habían abjurado por una supuesta imposibilidad– se filtre en el filme, como si pudiera apelarse a la transfusión de la letra escrita al proceso transpositivo, como si ese denodado y gozoso trabajo que le tomó a Nabokov borrar la frontera entre vida y creación fuera un simple paso a dar y no un riguroso e intrincado procedimiento de escritura.

Pese al intento de conjurar el miedo de "quedarse sin Nabokov", la captura del texto no garantizó, ni en forma aproximada, que la letra del escritor quedara en la película. La idea de podar ciertos aspectos y mantener con celo otros no resultó, al menos en este caso, por tratarse de un material donde no existe un estilo discursivo que pueda apartarse de los avatares dramáticos que narra, porque esa disociación es impracticable. Estas elecciones esterilizaron la odisea transpositiva, porque la literalidad se disolvía como garantía al no obtener una equivalencia de tono, sin dudas el mayor secreto de esta novela en particular y, quizás, de la literatura de Nabokov en general. El énfasis enunciativo del texto pasó a ser un murmullo lejano y asordinado, como un sonido que se oía en algún otro lugar.

Los modelos de transposición

Las operaciones realizadas en el proceso de transponer un texto revelan los modos de lectura. A esos modos de lectura podemos sintetizarlos –sin ninguna pretensión taxonómica ni cientificista, y con cierto grado inevitable de arbitrariedad– en seis clases: (a) la fidelidad posible o "lectura adecuada", (b) la fidelidad insignificante o "lectura aplicada", (c) el posible adulterio o "lectura inadecuada", (d) la intersección de universos (e) la relectura o "el texto reinventado", y (f) la transposición encubierta o "versión no declarada".

a) La fidelidad posible: la "lectura adecuada"

Con más hábito que reflexión, suele entenderse por "lectura adecuada" a la que da cuenta de procedimientos de transposición que no afectan el desarrollo de la trama, aludiendo así al respeto disciplinado de los distintos pasos que propone el orden del argumento. Pero esta idea de adecuación fija su propio límite: cuando el canon literario dictamina que en la obra literaria original existen los suficientes elementos de estilo como para destacar esa obra del mar de las producciones literarias. Dicho de otro modo: es probable que se refiera a una transposición basada en un texto de Greene, Asimov o Moravia en términos de "lectura adecuada", pero es altamente improbable que empleen análogos términos a una transposición basada en un texto de Proust, Joyce o Kafka.

Hablar de una posible fidelidad tiene la prudencia de suponer que una transposición no es más que una de las tantas versiones que pudieran hacerse sobre un texto, pero que lo adoptan como universo complejo, con especificidades que implican un trabajo minucioso sobre el cine y la literatura, sin desentenderse de los problemas que supone manipular los propios materiales y los preexistentes. Cuando hablamos de "lectura adecuada", entonces, no pretendemos sancionar como correctos ciertos procedimientos, sino que nos referimos a aquellos casos donde la lectura que se hizo de los textos procuró seguir determinadas direcciones rastreables en ellos, como si se tirara de una hebra que sobresale de un tejido, sin destejerlo pero tampoco dejándolo intacto.

Como ejemplos de una "lectura adecuada", se toman aquí cuatro casos que pertenecen a distintas estructuras de género: un relato policial, otro fantástico, un drama realista y, por último, uno que podríamos decir que responde a las premisas del melodrama. ¿Qué es lo adecuado de estas transposiciones? Su voluntad de recuperación sin genuflexión al texto. Es claro que se trata de filmes que fijan una posición sobre el paso de la literatura al cine: entienden el cine como la literatura por otros medios. Pero esa posición fijada no les impide pensar los materiales de ese otro medio que es el cine sin dinamitar ese estadio anterior que era el libro, tratando de que prevalezcan las herramientas del otro lenguaje pero siguiendo ciertas direcciones que ya estaban.

El policial: *Confidencialmente tuya*

Que la denominación *serie negra* nació de la pasión francesa por los relatos policiales norteamericanos es una certeza tan notoria como que para François Truffaut realizar *Confidencialmente tuya* significó más un reencuentro que una novedad. Pero, considerando sus versiones anteriores sobre novelas de David Goodis y William Irish, esta vez su acercamiento no lo reenvió al modelo del melodrama policial –como en algunas de aquellas versiones– sino que lo impulsó a un equilibrio entre la comedia de situaciones y el policial de enigma, es decir, a perseguir, al modo de *La novia vestía de negro*, una línea dramática instaurada por su admirado Alfred Hitchcock.

La novela de Charles Williams que eligió para su último filme, *La larga noche del sábado*, no presagiaba severos trastornos a una transposición que buscara respetar el sistema clásico del *whodunit*, o *quién lo hizo*. No era allí donde podía alojarse un nudo problemático, y así lo entendió Truffaut, que además escribió el guión junto a su habitual ladera, Suzanne Schiffmann, y a Jean Aurel. La opción consistió en una simple traslación geográfica al convertir el pequeño pueblo estadounidense en uno de provincia francesa y sustituir, en consecuencia, algunos nombres –John "Duke" Warren pasó a ser Julien Vercel–, pero manteniendo todo el andamiaje de la intriga de origen, con las pistas esquivas que deben recordarse y el interrogante sobre el autor de una serie de crímenes que se eslabonan a partir de una simple jornada de caza de patos. Que Truffaut trabajara en blanco y negro fue una elección que lo reconducía a sus orígenes como cinéfilo, y como cineasta, a su primer filme policial, *Disparen sobre el pianista*, más allá de que le impidiera dar cuenta de ciertas descripciones de Williams sobre lugares o sobre el color del cabello de la secretaria Barbara, que Fanny Ardant compuso con tanta elegancia como falta de temor a que la señalen como la Grace Kelly de Truffaut.

Aun siendo un lector devoto del texto, Truffaut no dudó en cercenar interrogatorios o el número de empleados de la inmobiliaria, ni tampoco en anticipar la aparición de Barbara, lo que le confirió un peso mayor desde el inicio mismo del filme, retomando ese apartado donde el escritor narraba su historia; aunque Truffaut añade las escenas del grupo teatral que prepara una representación, como si la escritura literaria de Williams hubiera sido interceptada por *Elena y los hombres*, de Jean Renoir. Pero esas menores o mayores diferencias entre ambos medios se agigantaron cuando el filme debió enfrentar dos aspectos centrales del policial, que están entrelazados: el uso de la primera persona como asunción de un punto de vista estricto y el plano de los pensamientos, o de la voz interior del personaje narrador John "Duke" Warren.

Salvo algún pasaje ocasional e inevitable, el foco narrativo excluyente de la novela era el de Duke, por lo que el lector accede a sus deducciones, cavilaciones, interrogaciones retóricas y hasta delirios interpretativos. Por ejemplo, leemos que se pregunta: "¿Por qué le habían pegado en la cara de esa manera tan atroz?",[12] o "¿Cómo había podido pasar todo un año junto a esa mujer sin darme cuenta de que era un genio?".[13] O bien se evalúa a sí mismo, acotando que "me estaba convirtiendo en un hombre ya maduro y mirón de secretarias".[14] Esta clase de reflexiones interiores quizás se resolvieran gracias a la gestualidad de un actor (Jean-Louis Trintignant) capaz de transmitir al espectador ese juego entre la duda y la ironía sobre sí mismo. Pero no todo podía descansar en la justeza interpretativa de los actores.

Mucho mayor era la dificultad para transponer otro tipo de elucubración, el de una descripción estilizada, de una *conciencia literaria* muy propia del policial negro, con esa cruza entre la percepción veloz y aguda y la melancolía de algún intuible paraíso perdido. Como cuando el narrador dice: "Me fui hacia el hall con su timbre zumbando persiguiéndome en el dormitorio y delante de mí en la sala de es-

---

12. Williams, Charles: *La larga noche del sábado*, Barcelona, Península, 1974, pág. 55.
13. Ídem, pág. 87.
14. Ídem, pág. 75.

tar, como si estuviera corriendo salvajemente y para la eternidad en algún rincón espantoso del infierno ultramoderno lleno de teléfonos estridentes que trataran de sumirme en la cima de la locura". O bien otro momento, donde luego de huir con Barbara leemos que "el aire se había calmado, pero se notaba la mordedura del frío, y al abrir la puerta y salir del coche, el cielo estaba salpicado de un gélido palpitar de estrellas. Estuve parado un instante junto al coche, contemplando la ciudad en la que había nacido y donde había transcurrido la mayor parte de mi existencia, pero lo único en que podía pensar era en el local trasero de la funeral de Carthage donde los dos cuerpos yacían con sus rostros destrozados e irreconocibles sobre las mesas esmaltadas individuales, y el hecho era que en algún lugar, en medio de aquellas luces se encontraba el hombre que los había asesinado".[15] La pregunta sería: ¿por qué en estos casos no parecen plantearse muchas otras alternativas que convertir esas reflexiones en situaciones –el timbre ensordecedor atronando en la casa, la pareja mirando la ciudad bajo un cielo estrellado–, o en su defecto, incluir una voz *off* que transcriba esos pensamientos? De hecho, ambas escenas están en el filme de Truffaut, aunque difícilmente hayan logrado una empatía con el tipo de voz narrativa que se esmeraba en construir Williams.

Esta última problemática reenvía a la cuestión del tipo de escritura, al uso del lenguaje al que el cine puede intentar aproximarse, o del que puede intentar distanciarse. Como Truffaut nunca pretendió mantener los modos de habla del personaje sino el sistema narrativo y el diseño de mundo de Williams, el tránsito a la pantalla fue menos conflictivo que lógico desde la perspectiva priorizada para esta versión, aun cuando en otras ocasiones el director tomara el camino inverso, como se ve en sus melodramas de época *La historia de Adela H.* y especialmente *Jules y Jim*, donde más que incluir voz *off* exploró todas sus potencialidades como recurso sonoro.

El fantástico: *El exorcista*

No deja de ejercer una seducción enigmática la transposición de la exitosa novela *El exorcista*, que hizo el propio autor William Peter Blatty a las órdenes del director William Friedkin. Seducción enigmática originada en que Blatty –quizás por excesivo respeto hacia su pro-

---

15. Ídem, pág. 119.

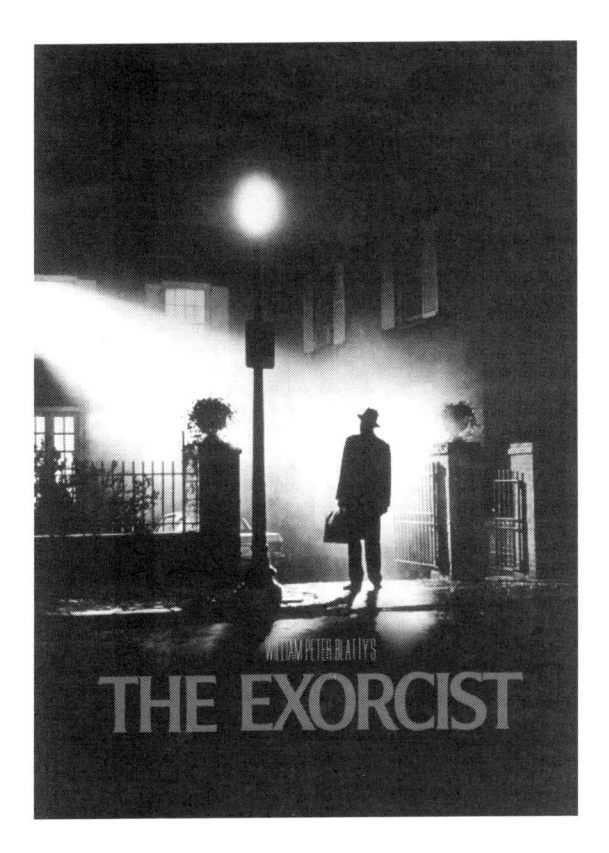

Afiche publicitario de *El exorcista*, de William Friedkin.

pia obra literaria– hizo un trabajo de una laboriosidad casi maníaca, como si desde su concepción hubiera pensado en un híbrido entre novela y guión literario, o como un entrenamiento oblicuo que luego tendría sus bautismos personales como cineasta en la notable *La novena configuración* y más tarde en *El exorcista III*, haciendo visible su obsesión por los procesos de desvíos psíquicos y la fragilidad del hombre ante fuerzas que lo exceden.

Situar este filme en el capítulo de los casos de "fidelidad posible" o "lectura adecuada" no supone perseguir el texto como un cancerbero a su presa, porque sería impensable que se conservaran todas las réplicas finales de capítulo, al estilo, por ejemplo, de "se apuró para alcanzar el tren de las siete y diez a Washington; llevaba sufrimiento en su valija negra".[16]

16. Blatty, William P.: *El exorcista*, Buenos Aires, Emecé, 1972, pág. 60.

Sería impensable porque la puntación de una pausa de final de capítulo no es homologable a la de un cierre de escena o a la conclusión de un diálogo. Sería tan impensable como pretender que se incluyera la extensa nómina de citas de Juan, Lucas o San Pablo que funcionan a modo de comentarios de Blatty previos a desarrollar la acción misma de cada capítulo. Hablar aquí de fidelidad posible alude más bien a que la vocación de aprovechamiento material es ostensible, si se advierte que Friedkin atesoró cada peripecia y cada uno de los estadios narrativos, aun abreviando varios diálogos entre Karras y el demonio-Regan o con el detective cinéfilo Kinderman –todo cinéfilo es un "hombre-niño"–, o limitando la visita clave del padre Karras a la biblioteca, o el proceso de intelección de la cinta con la extraña *lengua* de Regan.

Todo lo que podía recuperarse terminó incorporándose al filme, hasta una referencia tangencial de Blatty acerca de que la voz distorsionada de la poseída parecía "amplificada electrónicamente".[17] Así ocurrió, también, en cada uno de los personajes con sus ocupaciones y aficiones, y es más sorprendente todavía que Friedkin decidiera mantener inalterable la organización geográfica de la novela, incluido el prólogo con rótulo al pie de la imagen en Irak del Norte, que mostraba a Merrin y su intuición aguzada de que las fuerzas demoníacas se cernirían sobre él. El trabajo sobre el espacio fue resuelto a través de un uso tan constante como progresivo del fuera de campo sonoro para ir instruyendo al espectador en la intangibilidad del mal, en tanto la habitación de Regan se erigía en sitio privilegiado, vista siempre a través de tomas subjetivas parciales cuando la vemos desde el otro lado de la puerta, o en planos generales cuando ingresamos en ella, como corresponde a la idea de escena teatral de los rituales que allí ocurren. Esa jerarquización espacial de la habitación entendida como un *otro lado*, por otra parte, reafirmaba la inmersión del filme en el género fantástico, en la medida en que el cruce del umbral que separa dos dimensiones –físicas, morales o filosóficas– es siempre uno de los tópicos estructurantes de esta clase de relatos.

A su vez, no era lógico presumir grandes proezas respecto de la focalización, ya que la novela optaba por la tercera persona, con lo que el director, siguiendo la alternancia de personajes y situaciones, presuntamente podía sostener el plan de usufructuar el material de origen. Sólo que este camino de textura lisa devenía más escarpado

---

17. Ídem, pág. 206.

porque en la novela, en realidad, la tercera persona era un narrador omnisciente con la facultad de acceder a la conciencia de los personajes, a todo lo que fluía de su pensamiento. Y eso puede traducirse como sinónimo de problema en el momento de transponer el texto.

La subjetividad del pensamiento pudo representar un problema usual, si se parte de la regla inexorable que indica que siempre surge como la zona pantanosa de toda transposición. Pero esta vez la dificultad se ensanchaba, precisamente por tratarse de la subjetividad de uno de los protagonistas principales, Karras, cuya motivación era elucidar una crisis de fe, con los consiguientes vaivenes éticos, recuerdos, razonamientos, sueños y voces que cumplen la misión de diseñar su tormento interno. Si podía justificarse la voz del demonio emanando a través de la poseída Regan, la inclusión de una voz *off* de Karras hubiera sido más un acto de comodidad que de adecuación al tono general del filme.

Al revés de lo que cabía suponer, no eran las escenas de posesión frenética ni la elección de efectos especiales lo que sembraba incógnitas, o, en todo caso, no sembraban incógnitas acerca de los aspectos intrínsecos sino meramente técnicos. El problema residía en qué debía hacer Friedkin con esas repeticiones internas de Karras como "¡Oh, Dios, no permitas que se muera!",[18] o "¡Ciérrale la puerta a todo!".[19]

Como a Friedkin parecía interesarle más el tortuoso calvario interior de Karras que esa pulsión investigadora que Blatty explayaba en la novela, optó por elevar el reto. En lugar del presunto atajo de apelar a la voz *off*, asumió un riesgo mayor y apostó todo a lo que pudiera transmitir el cuerpo apremiado y la gestualidad tensa y desprovista de énfasis del rostro del actor Jason Miller. La encrucijada era compleja porque de ella dependía la relación simétrica y especular entre Regan y Karras, hermanados en sus crispaciones físicas y espirituales, así como el reflejo del positivismo de Kinderman sobre las dudas desgarradas de Karras. Quizás fue el radical convencimiento del director de lo que estaba contando y del punto de vista escogido lo que le permitió triunfar en esa batalla crucial de la puesta en escena, algo inferible si se comparan los padecimientos de Jason Miller en *El exorcista* con sus atribulados personajes precedentes o ulteriores de *Contacto en Francia*, *Cruising* o *Jade*.

---

18. Ídem, pág. 317.
19. Ídem, pág. 325.

El drama realista: *Un tropiezo llamado amor*

Si hubiera que buscar una idea que pudiera definir la literatura de Anne Tyler, quizás fuera la de una superficie de normalidad o vulgaridad. Pero esa imagen –la de una oriunda de Minnesota criada entre cuáqueros de Carolina del Norte en una aparente normalidad o vulgaridad– es sólo una apariencia, un territorio por el que gusta y simula deslizarse la autora. Sus textos tienen una peculiaridad: nunca ceden a la infección sentimental de la nostalgia, construyendo, así, una Baltimore perfectamente opuesta a la de los filmes de otro nativo del lugar como Barry Levinson, según puede compararse si se examinan *Diner* o *Avalon*.

Circuito preciso que contiene una expansión de familias disfuncionales, las obras de Tyler prodigan personajes en conflicto o desconectados con el exterior, cuyo encierro suele aparejar tragedias, fracasos o tránsitos iniciáticos arduos. Eligiendo un semitono que navega entre lo confesional y las historias de vida sin mayores esplendores, Tyler despliega fatalidades como las de *Reunión en el restaurante Nostalgia* –nombre que evoca a Carson McCullers, aunque su desarrollo lo desmienta–, o extrema su convicción exponiendo disfuncionalidades ejemplares como en *El tránsito de Morgan* o *Ejercicios respiratorios*. O bien puede fusionar ambas elecciones en un solo relato, como en *Turista accidental*, donde los personajes actúan en vez de decir que deben hacerlo, como ocurrirá con *Ejercicios...*, ya que son dos novelas complementarias por sus personajes masculinos de introversión enfermiza y con familias en estado terminal.

Turista accidental es una novela que se propone un recorrido sin mayores ni aparentes complejidades. Un arquetípico exponente del americano medio, fóbico y etnocentrista, Macon Leary, escribe guías para el turista ocasional que desea no sentirse lejos de casa en sus viajes de negocios. Probablemente la personalidad inmutable e indolora de Macon frente a la vida, y en especial frente a la muerte accidental de su hijo Ethan, terminará de erosionar su matrimonio con Sarah. Disuelta su pareja, y con un perro poco domesticable, Macon va a vivir con sus hermanos, tan poco afectos como él a comunicarse. Se cruza con Muriel, una entrenadora de perros y quizás de hombres desgajados, tan extrovertida y activa como capaz de poner en evidencia los límites de su inmutabilidad.

Pese a que inicialmente predomina un narrador externo, omnisciente y pretendidamente invisible, el relato va desde esa exposición minuciosa de ambientes y climas desplegados con disfraz neutral, a un único personaje cuyos sueños y recuerdos se agolpan: Macon. Como si el desarrollo indicara con lentitud que todo –incluso ese supuesto narrador omnisciente– se ha contaminado de ese exceso de percepción desafectada de Macon. Una vez que los otros personajes –Sarah, Muriel– se alejan de él, Tyler los pierde, quedándose con su campeón del ocultamiento, el orden y la indolencia.

Macon se niega a ver, conocer y, en suma, a cambiar, lo cual se verifica en los *raccontos* que multiplican esa catatonia de la sensibilidad. Alguien que viaja sin salir –y se sabe: el viaje es uno de los grandes géneros narrativos–, que lleva siempre lo indispensable para no requerir a otros, que visita los mínimos lugares posibles, que confía en el "método" aunque la vida lo empuje a dudar. Con ese material, Tyler avanza de la inmovilidad a la transformación, que asoma como opción cuando Macon cambia el horario de sus duchas. "Le parecía que ése era un signo de adaptabilidad", dice Tyler.[20]

Girando pendularmente entre conexto y personaje, Tyler arma un relato donde casas, situaciones, lugares, animales domésticos, mujeres, familias, elecciones gastronómicas, personalidades, objetos y viajes se suceden como espejos que entregan inevitablemente dos imágenes, siempre simétricas, refractarias. Quizás fuera la perfección de su trama lo que hizo que *Turista...* pasara al cine, el hecho de que Tyler lograra lo que Pascal Bonitzer definiera como buenos guiones de cine: la múltiple encarnación de un conflicto.

Hay una notable descripción de Macon cuando Tyler dice que es "la extraña distancia de sí mismo",[21] lo cual, a su vez, no parece una definición impropia de la transposición que hicieron el director Lawrence Kasdan y Frank Galatti. Taxativamente, la ensayista Luisela Alvaray afirma que hay sólo dos caminos para abordar un texto literario en cine:

> [...] o bien sacrificar los pasos y la cronología de la historia para extraer y hacer vivir sus ideas y sensaciones conservando una intensidad similar al texto original, o ser absolutamente fiel al relato y sus significantes, y [...] hacer una suerte de representación ilustrativa, una obra que conserve la fidelidad con el hilo narrativo, la época, las circunstancias y los personajes del original.[22]

Es evidente que hay tantos modos de trabajar un texto para cine como novelas o filmes. Y aunque el trabajo de *Un tropiezo llamado amor* parezca arrimarse a la segunda opción descripta por Alvaray, es ob-

---
20. Tyler, Anne: *Turista accidental*, Buenos Aires, Emecé, 1986, pág. 15.
21. Ídem, pág. 48.
22. Alvaray, Luisela: *Las versiones fílmicas. Los discursos que se miran*, ob. cit., pág. 25.

vio que la fidelidad rotunda es sólo un supuesto del analista, o un fantasma que persigue vanamente quien transpone el material de un formato a otro.

Aunque Anne Tyler dijo no poder creer lo bueno que resultó el guión final, porque en su novela no había historia que contar, en una entrevista acerca del filme, Kasdan se mostraba un lector atento:

> *Turista accidental* está estructurada con mucho cuidado. Todo es simétrico, y ése es el camino que siempre he tomado. Hay una historia paralela de la hermana de Macon y su jefe que funciona en perfecto contrapunto con la historia central. Eso, mientras todo gira alrededor de lo efímero y los sentimientos de la gente ante los pequeños cambios en sus vidas, cosas que parecen casuales son cruciales".[23]

La lectura que elige Kasdan recoge lo sembrado por Tyler. Si bien queda dicho que la novela oscila entre un narrador externo y la descripción de las percepciones íntimas de Macon (William Hurt), el filme no desperdicia la clave y mantiene ese vaivén de punto de vista, acentuando quizás la exposición física y mental del protagonista. Así, lo destaca por primeros planos que no ofrece a otros personajes, o incluye sueños o imaginaciones de las que no gozan Sarah (Kathleen Turner), ni Muriel (Geena Davis), ni los otros, pese a que Tyler marcaba en la novela que Macon concentraba el punto de vista de la novela. No es un mero detalle académico el problema del "foco" en esta transposición, ya que ahí se aloja el centro dramático y, si cabe, espiritual del relato. Más aún: el modo en que Tyler resuelve cómo entrar y salir directamente, sin indicaciones, del plano mental de su personaje quizás terminó de decidir a los autores a hacer la novela en cine.

Era imaginable que casi desapareciera en el filme lo referido a guiños sobre la literatura, que Tyler tejía durante su novela aludiendo a la faceta de Macon como escritor anónimo –un "logotipo" más que un "autor"–, como una suerte de enmascarado productor de *bestsellers* que perfecciona la fórmula del texto desprovisto de todo sentimiento, autoindulgente en su confortabilidad. Es verdad que Kasdan abre su película con las recomendaciones al turista circunstancial, pero al suprimir mayoritariamente los textos de las guías, se esfumó con eso el progresivo "ablandamiento" de la escritura y la mirada de Macon, que oficiaban como pistas de su transformación interna. Así las cosas,

---

23. Cronenworth, Brian: "He Knew What He Wanted", *American Film*, enero-febrero de 1989.

Un tropiezo... refuerza el antiguo axioma que afirma que en la película se debe narrar más deprisa, porque el tiempo lo define el director y no el espectador, al revés de lo que ocurre con una novela, en donde es el lector quien define el tiempo.

Es precisamente en la construcción perceptiva de Macon, donde la transposición de Kasdan excede la eficacia, obteniendo un mundo visto por su personaje. Así como odia el cine porque allí todo está demasiado cerca, Macon detesta el contacto, lo que lo hace repeler toda interacción con el afuera. Esa compleja ubicación del personaje en el mundo es lo que Kasdan edificó, respetando silencios y maneras de escamotear información personal. De allí en más, todas sus decisiones son acertadas, ya se trate de abreviar viajes o situaciones de esos disléxicos geográficos que son los Leary, parientes bastos de Pérec o Foucault. O bien de lo que respeta, como las caídas físicas, o el empleo sutil de Muriel como ángel de la providencia, o el teléfono sonando sin ser contestado, o los gruñidos de Macon en el perro Edward, o las clases de plomería al hijo de Muriel. O bien añadir la nuclear conversación evaluativa de Macon y Sarah en el desenlace.

Las elecciones de Kasdan se ajustan en buen grado a las precisiones que regaba Tyler en el texto, sumándole una textura o espesor al unir *Un tropiezo...* con dos filmes previos, *Cuerpos ardientes* y *Reencuentro*. Con *Cuerpos ardientes,* traza una suerte de continuación del dúo, con los mismos actores, William Hurt y Kathleen Turner, cuya pareja en análogo estado de extinción pasa del *film noir* al drama; con *Reencuentro*, dibuja un puente, recuperando el accidente fatal que genera cambios decisivos, acechando el pasado de los personajes de ambas películas. Es justo convenir que en *Un tropiezo...,* sin embargo, Kasdan funda expectativas en el porvenir de sus piezas, toma distancia de filmes anteriores y hace de éste un inicio que se cierra con *Quiero decirte que te amo*. Si *Un tropiezo...* narra una inversión "de género" –Macon es lo femenino y Muriel, lo masculino–, *Quiero...* reordena lo que aparecía subvertido.

El melodrama: *El ocaso de un amor*

Hay una zona decisiva que aleja la novela *El fin de la aventura* de su mera inmersión en lo que se conviene en definir como melodrama. Porque si bien se perfila un triángulo compuesto por Henry Miles, su mujer Sarah y el amante y escritor Maurice Bendrix, si bien la brevedad de la felicidad de la pareja de amor condenado era aguijoneada por la fatalidad, si bien la idea de lo que no puede estar unido pero

Julianne Moore y Stephen Rea en *El ocaso de un amor*.

tampoco separado determina el porvenir de los personajes, el autor Graham Greene pone, por encima de esas coordenadas genéricas, el sentido religioso que ordena ese universo de lo efímero. No es que Greene creyera débiles esos presupuestos, sino que los imaginó apoyados sobre una plataforma, sobre un territorio del que debía despegarse para trascenderlo, poniendo en tensión la espiritualidad del amor terrenal con la espiritualidad religiosa.

La misma organización de la novela permitía acceder a estos dilemas por la manera de distribuir la información y los puntos de vista, porque el escritor y narrador Bendrix desanda la historia desde el presente de la acción, la recupera retrospectivamente aunque nos impida conocer cuál es el momento exacto en que comienza a escribirla. Esa mediación, representada por el diario que escribe, es el trayecto por el que descubrimos sus reflexiones y opiniones, su versión de por qué el odio puede erigirse en motor de la literatura. La voz del diario de Bendrix actúa como el hilo que cose sus apuntes sobre los hechos que narra, pero también es el procedimiento de que se sirve Greene para hacer irrumpir dos pasados: uno, más distante, situado en 1939; el otro, más cercano, en 1946. A su vez, ese saber del narrador no se alimenta sólo de sus observaciones o de los hechos que lo atraviesan personalmente, sino que reproduce ciertos fragmentos del diario privado de su amante Sarah.

Ese diario –reflejo y complemento del que él va escribiendo– llega a sus manos por la tenaz investigación que Bendrix encarga sobre sí mismo a la agencia Savage, y que ejecutan Parkis y su hijo Lancelot. Y la lectura que Bendrix hace del diario refuerza la focalización estricta de su punto de vista, a veces siguiendo la cronología descripta por Sarah, otras veces intercalando apostillas acerca de algo que busca refutar o subrayar, y otras veces haciendo saltos o interrumpiendo con brusquedad el orden, como cuando confiesa: "no pude seguir leyendo. Una y otra vez había resbalado por encima cuando un pasaje me dolía demasiado".[24]

Lo que hace de *El fin de la aventura* uno de los grandes momentos de la literatura de Greene, es el modo de tejer esa red donde todos persiguen algo huidizo (aquí se trata de pasiones, como en otras novelas eran utopías), o de personajes que están donde no debieran, y ese pulso único para modelar las distintas temporalidades que se yuxtaponen, como explicaba el autor en un lúcido pasaje de *El décimo hombre*. Las arenas movedizas que presentaba esta transposición no nacen sólo del hecho de que esta vez la literatura habla de la literatura y mediatiza la intriga en vez de desplegarla con fruición como en *El factor humano* o *El cónsul honorario*; lo que complejizaba la transposición era, más bien, la conciencia del tiempo que evidencian sus personajes.

Racionalista, con una lógica de la transposición que podría tildarse de convencional, el director y guionista Neil Jordan vio su película *El ocaso de un amor* como el relato que un escritor hace de su propio melodrama, y donde las promesas y los milagros –la fe como interrogación o certidumbre– van torciendo las vidas de los personajes, incluida la suya propia. Pero la trama de acontecimientos no tenía modo de ser trasladada sin contemplar los avances y retrocesos temporales del texto, porque no se trataba de una sucesión lineal de eventos sino de un circuito donde la percepción singular se dispara para luego detenerse, se estanca para poner en duda lo que antes dijo: vuelve a un mismo hecho para resignificarlo o desmentirlo, o bien añade otra

---

24. Greene, Graham: *El fin de la aventura*, Buenos Aires, Sur, 1971, pág. 107.

voz –la del diario de Sarah– que evalúa desde otra posición, tanto espacial como moral. Hubiera sido absurdo, entonces, que Jordan pensara su versión solamente desde la ilación dramática de las acciones prodigadas por la trama, porque ella misma está concebida por sinuosos y apasionantes vericuetos temporales.

El método que adoptó Jordan consistió en sostener la cronología establecida por Greene, con el ida y vuelta entre el presente, el pasado lejano y el pasado inmediato, pero debía enfrentar el peso relevante de la voz del narrador Bendrix que –como todo narrador– proporciona detalles de lo ocurrido sin evitar distorsionarlos o teñirlos, en este caso particular, de celos, desdén o ira. Pero aunque la transposición hizo una norma del respeto al texto, prefirió borrar la claridad con la que el escritor determinaba los pases de tiempo. Desde el inicio vemos a Bendrix escribiendo su diario, y es también desde el inicio que esa voz-escritura difumina la frontera que separa los dos pasados, perdiéndose el anclaje clarificador que propiciaba la palabra en la novela. No es que el filme se torne inorgánico, sino que hace del espectador un rehén paciente, alguien capaz de esperar para poder determinar después, y sólo después, a qué zona de la memoria responde cada instante.

Para que esta elección pudiera materializarse, Jordan trabajó con imágenes, sonidos o escenas decisivas para el curso de la historia: la explosión en el lugar de encuentro de los amantes, el crujido peculiar del peldaño de una escalera, la puerta giratoria de un restaurante, la persistencia de la lluvia en una noche de corazones ensombrecidos. Esas imágenes, sonidos y escenas se reiteran no sólo porque el melodrama auspicia siempre una circularidad obsesiva, sino porque se constituyen en simetrías que comparan los hechos desde la visión de los distintos narradores, como pistas que ceden al espectador la facultad de escoger la perspectiva con la cual identificarse, aunque esas percepciones estén tamizadas por la selección que hace Bendrix. Un ejemplo de ello podría ser el siguiente: en la novela leemos el discurso directo de Sarah al incluir párrafos de varios días y años diferentes, y accedemos a esa "voz" recién cuando llega a Bendrix ese manuscrito privado, en uno de cuyos pasajes ella dice "soy una puta y una farsante",[25] como comentario final al recuerdo del estallido de la bomba; en cambio, en el filme, Jordan reubica esta reflexión fundamental de Sarah, pero con ella diciéndosela al cura Smythe.

---

25. Ídem, pág. 83.

En consonancia con una puesta en escena de clasicismo académico muy próximo al de los melodramas británicos, como *Breve encuentro,* y lejos del vértigo ominoso y sesgado del guión que Greene hizo para *El tercer hombre,* la versión de Jordan justifica el uso de la voz *off*. Por un lado, la justifica por corresponder al personaje de un escritor, con lo que evita que acusen sus diálogos y elucubraciones metafísicas y teológicas de "literarias"; por otro lado, hay en Jordan una astucia consciente de que valerse de este recurso como modalidad excluyente podía plantear tal distancia afectiva con el espectador que terminara trazando un abismo ante una historia de personajes que se desgajan el alma. Quizás haya menos genio que sentido común, pero el respeto por la letra de Greene no nubló al cineasta como para impedirle extraer ciertas posibilidades cinematográficas al material, que surgen de su lectura atenta del texto y que se depositaron en la recurrencia a imágenes, sonidos y escenas que comprimen ese alejamiento riesgoso de la voz *off* por la cercanía siempre renovada y eficaz de la tragedia singular. De esa paradojal antinomia, Jordan obtuvo equilibrio en una obra sobre emociones desequilibradas.

b) La fidelidad insignificante: la "lectura aplicada" o el estilo ausente

¿Cuándo puede afirmarse que perseguir con afán el material del texto literario terminó redundando en una transposición descolorida y anónima? Ésta es una pregunta que vuelve con insistencia en aquellos que cotejan libros y películas, y su interés se funda en poder comprender por qué en este terreno no hay seguridades, por qué el que realiza la transposición termina asemejándose a un equilibrista sin red para quien ni siquiera el reaseguro de la fidelidad "a la letra de origen" es un vaticinio de éxito artístico.

Si bien, en apariencia, la idea de fidelidad insignificante tiene todo el aspecto de un juicio valorativo en sí mismo, aquí ese adjetivo proscriptivo busca definir sólo una serie de operaciones realizadas. La contundencia de la palabra "insignificante" remite a un espesor análogo que no pudo lograrse, el espesor que ambiciona toda transposición estéticamente productiva en sus alcances.

Al hablar de fidelidad insignificante no se pretende que las operaciones de transformación sean la condición de un óptimo trabajo de transposición. No es que cualquier transformación implique siempre beneficios para el filme, porque muchas veces las soluciones halladas son menos atractivas que los problemas transpuestos mecánicamente, o que no consiguen hacer pie en el tono general adoptado para el filme, como ocurría cuando David Lean discutía con sus guionistas (y también con su productor, Sam Spiegel) si debía dejar en pie el puente como en la novela de Pierre Boulle, o si debía derribarlo, decisión que intuía más próxima al tipo de película que deseaba hacer en *El puente sobre el río Kwai*. Pero Lean se encargó de explicar que él no quería reproducir la ironía que prevalecía en el texto, sino hacer sólo un filme de aventura,[26] y desde esta decisión podemos comprender los cambios. Resumido, podría plantearse así: que haya transformaciones es inevitable en el proceso de transponer un texto al cine, pero su productividad va a depender del criterio que las anima.

Por otra parte, fidelidad insignificante o improductiva tampoco quiere decir pereza o falta de rigor, pero sí que el trabajo deriva en una laboriosidad equívoca, que no consigue pensar en la literatura ni consigue pensar en el cine, que ve a ambas disciplinas como vehículos, como receptáculos de un argumento que perdió su autonomía literaria y no trepó hacia una autonomía cinematográfica. Los casos de fidelidad insignificante terminan dibujando una zona de nadie, tan neutra y anónima como una obra sin autoría, ni firma, ni estilo. Muchas veces, ni siquiera se trata de filmes empantanados en problemas narrativos elementales sino, al revés, se trata de filmes que hacen gala de una cierta fluidez, pero que en el intento de no vampirizar el estilo del autor terminaron cediendo su propia voluntad de afirmación. Entonces, podemos concluir: no hay en ellos rasgos de estilo en la utilización de los materiales del cine que nos hagan olvidar sus antecedentes literarios.

Para ejemplificar esta idea de la "fidelidad insignificante" o "lectura aplicada" he tomado dos casos de escritores contemporáneos de cierto éxito y no poco prestigio, como son Paul Auster y Antonio Tabucchi, con el fin de observar los resultados del pasaje de sus relatos al cine.

El caso Auster: *La música del azar*

Cuando parecía demorarse más de la cuenta, a Paul Auster el cine vino a buscarlo y lo mantendría como rehén, como guionista o director, con *Cigarros*, *Blue in the Face* [*Humos del vecino*] y *Lulú on the Bridge*.

---

26. Brownlow, Kevin: "The Making of David Lean's Film of The Bridge on the River Kwai", *Cineaste*, vol. XXII, n° 2, 1996.

Pero antes de eso tuvo lugar el rodaje del filme *La música del azar*, basado en su novela homónima, y ese hecho produjo un punto de partida tentador para empezar a desovillar la cuestión de la fidelidad insignificante, porque es un caso que condensa una amplia variedad de las decisiones convencionales que supone el cruce del formato literario al cinematográfico, y por ese mismo motivo, puede decirse que tiene un efecto ejemplificador o didáctico.

Esta transposición, encarada por el director Philip Haas junto a su coguionista Belinda Haas, plantea desde el inicio una opción inocultable: la primacía de las acciones de los personajes. Por eso, la módica introducción descriptiva que abría el texto se ha evaporado. Asimismo, al ir tras las acciones se entiende que desaparecieran los *flashbacks* que darían cuenta del matrimonio o de la relación de Jim Nashe (Mandy Patinkin) con su padre, hasta el encuentro fortuito y decisivo con Jack Pozzi (James Spader), que detona el cambio de rumbo del protagonista. Ese recorte del pasado de Nashe, de todos modos, no es gratuito, ya que las escasas motivaciones que deslizaba Auster sobre lo que era anterior al inicio de la novela, va a insinuar problemas mayores más adelante.

Es imaginable que la afición de Haas por las acciones en vez de los diversos tipos de imágenes mentales, esté en consonancia con una afición por una narrativa cinematográfica crudamente norteamericana clásica, que privilegia la transformación de personajes por medio del movimiento. Pero en esta novela –y no es la única suya donde ocurre–, Auster construye un personaje para quien la errancia y la espera del suceso singular, epifánico o conmovedor no son meros efectos para dilatar la velocidad de la acción, sino que son la acción misma del relato. Y ahí se revela que haber conservado sólo las peripecias de Nashe no hace sino reproducir más un argumento que un mundo interno.

No se trata de que Nashe esté esperando un socio de aventuras: simplemente está esperando, girando en círculos hasta que sobrevenga la *experiencia* que de un solo golpe precipite y acelere un devenir signado por el azar y la autoevaluación, como ya acontecía en otros relatos de Auster como *La ciudad de cristal* o *Leviatán*. Que el binomio Haas elimine los pensamientos de Nashe no sólo les evita demorarse en pasajes "sin acción", sino que también suprime esa manera de estar en el mundo que caracteriza al personaje.

Depurar el material literario, para Haas, consistió en limar casi por completo la subjetividad intrínseca que estaba asociada con Nashe –salvo cuando ve al niño, o cuando se imagina matando–. Si bien en la novela Auster elige un uso ambiguo de la tercera persona, se permite esos microrrelatos insertados dentro del torrente narrativo principal, como un desvío, como si pusiera en duda el peso de la anécdota básica y la dejara entre paréntesis, como si Haas no quisiera desechar esa intromisión de otras historias, consciente de que la historia central no es tan importante.

Esas supuestas bifurcaciones de la corriente dramática protagónica central, fueron licuadas del filme por la tozudez de Haas en concentrarse en la anécdota. A tal punto Haas quiere forzar el material hacia un suspenso por el que Auster no mostraba el menor interés, que oculta el rostro de uno de los dos vulgares millonarios, Flower y Stone (Charles Durning y Joel Grey), cuando "alguien" de quien sólo se ve una mano (pero enguantada, como la de Stone) pone las piezas de los dos visitantes en la alegórica maqueta llamada "La ciudad del mundo". ¿Qué objeto tenía introducir esa intriga policial en el marco de un filme por completo alejado de ese formato? Cualquiera sea el motivo, como transformación del texto de origen parece improductiva. No contento con eso, Haas insiste con ese procedimiento enigmático en la escena en que comienza la construcción del muro, y que más que un *plot-point* era un guiño de Auster reescribiendo una famosísima anécdota del magnate periodístico William Randolph Hearst, o acaso una cita del argumento del filme *El espectro errante*, de René Clair.

Que Auster emplea la tercera persona como modalidad, es tan visible como que, de todos los personajes, Nashe concentra la mayor parte del saber; marca que no tuvo correspondencia en el filme, cuyo mayor acercamiento está en mantener a Nashe en gran parte de las escenas, y en añadir un desenlace carente de toda alusión, con la afirmación neta de que Nashe sobrevive, tejiendo una discutible red cíclica entre comienzo y epílogo que borra esa impronta azarosa y brutal que, en buena medida, modela la personalidad de la literatura de Auster. Y el hecho de incluir *in praesentia* al propio autor no restituye su universo, sino que diseña una broma privada muy lejana de esa otra forma de lo privado que es la literatura.

El caso Tabucchi: *Sostiene Pereira*

Antes y después, Antonio Tabucchi tuvo con el cine un vínculo asiduo, que permite comparar la transposición de la anterior *Nocturne Indien* con la posterior realizada sobre *Réquiem*. Y entre ambas, la versión que concretó el director Roberto Faenza junto a Sergio Vecchio y con colaboración en los diálogos del propio escritor: *Sostiene Pereira*.

Casi en la dimensión de un *best seller*, cargando quizás con el peso de ser el libro más difundido de Tabucchi, el pasaje de *Sostiene Pereira* a la pantalla entrañaba enigmas y expectativas por los resultados. A su favor estaba una prosa más abigarrada que la que venía produciendo su autor, con esa algo impostada nostalgia por lo perdido pero esta vez más concentrada sobre el tipo de transformación que va produciendo en el doctor Pereira el flamígeramente romántico Monteiro Rossi, así como el modo en que los avatares políticos de la dictadura de Salazar van invadiendo ese reducto de seguridades aparentes donde se cobija el viejo periodista obsesionado por la muerte.

La novela no presentaba, por tanto, esa dificultad esquiva de lo episódico –quizás el mejor rasgo estilístico del escritor– que diera brillo a narrativas evanescentes como las de *Nocturno hindú* o *Pequeños equívocos sin importancia*. De tal modo, la idea de un único personaje en fase de cambio, de un personaje que se constituye en caja de resonancia o catalizador solitario de tensiones generales, le permitía a Tabucchi jugar con el tipo de discurso, eligiendo el estilo indirecto –el recurrente "sostiene Pereira"– para mediatizar su punto de vista, como si el relato se dedicara a transcribir una declaración hecha ante un policía, o ante unas autoridades que enjuician su acto final en el periódico de Lisboa. El empleo del estilo indirecto tenía, además, un doble motivo: por un lado, le confiere al texto una cierta cadencia literaria creando un interlocutor imaginario y en el límite de lo alegórico; por otro lado, busca respetar parcialmente el origen literario y el origen fáctico, al menos según lo explica el autor en la nota añadida al final de la décima edición italiana. Lejos de la distancia que podía suponer, el uso del discurso indirecto era una marca neta, y hasta tozuda, de afirmación de una escritura intrínsecamente literaria.

Esas singularidades, que son la libreta de identidad del texto, no parecen haberle resultado problemáticas al director Faenza ni a sus guionistas, si se juzgan las decisiones adoptadas en la transposición. Porque el hecho de seguir con puntualidad los avatares de la trama, de sus personajes y sus motivos, de sus objetos, sus trayectos y sus lugares, podría implicar una voluntad de sujeción previsible al original de Tabucchi. Y más allá de unas pocas escenas agregadas e irrelevantes, lo que no resultaba previsible ni imaginable era que se leyera la novela como si se estuviera ante un tótem, anulando la dimensión subjetiva de la lectura, al incluir literalmente parte de esos textos en un estilo indirecto que en un filme resulta disparatado. Veamos.

Consciente de que el estilo indirecto implica un testigo-narrador, Faenza comienza su película con una voz *off* que a poco de andar descubrimos que es externa al relato, ya que no pertenece a ninguno de los personajes que lo pueblan. Esa voz *off* reaparecerá en diversos pasajes, manteniendo un cierto protagonismo, obviamente en el intento de reproducir la voz anónima y omnisciente de la novela, una voz que se presume retrospectiva, y que lo hace con un objetivo cristalino: poder recuperar la mediatización del insistente "sostiene Pereira".

Pero creer, como cree Faenza, que esa traslación mecánica va a producir un efecto análogo al que produce en el lector, es como creer que leer un libro es igual que ver una película, y al mismo tiempo es descreer del cine como lenguaje autónomo. En una novela, es distinto un narrador omnisciente invisible de uno que se presenta como existente; en un filme de ficción, si hay una voz *off*, inmediatamente nos genera el deseo de ver al personaje que habla. Si algo enseñó el ejemplo de *La dama del lago*, fue que, para subjetivizar un punto de vista, la cámara no podía seguir estrictamente el modelo del narrador literario en primera persona, en la medida en que –como lo demostró poco después Hitchcock en *La ventana indiscreta*– es imprescindible un juego entre lo subjetivo y lo objetivo porque la identificación del espectador sólo es posible si ve al personaje. Incluso si se toma el caso de *El ciudadano*, se verá que los testigos narran sus relatos ante un periodista que no llega a constituirse en personaje, porque nada sabemos de él y porque siempre está de espaldas a la cámara, precisamente porque a Welles lo que le importa es que oficie de puente para poder pasar a los *flashbacks* de quienes narran, pero no es que cuentan sus vivencias al personaje periodista, sino más bien éste hace las veces de mediador con el espectador.

Esta lección sobre lo que es narrar con los instrumentos y particularidades propias del medio que se está empleando es lo que ha olvidado Faenza, pese a que el propio Tabucchi se ocupó de señalar que hacer una película de un relato literario no es equivalente a traducirlo a otros idiomas. Si la pregunta hubiera sido "¿cómo puede trasladarse este recurso con las herramientas del cine?, quizás las soluciones hubieran sido otras. Quizás hubieran sido rudimentarias –un testigo que asiste a los hechos sin intervenir, un *racconto* que abre y cierra el relato con alguien evocando la trama–, pero habrían liberado al director de la coraza del texto. Lejos de sellar una subjetividad, esa voz *off*, transplantada de su tierra natal, no hace sino anclar el filme en el anonimato, en la medida en que la voz *off* termina por funcionar como "la voz de Dios", como representación de nadie, como la que emplean para los documentales didácticos que fatiga la televisión. El afán por la fidelidad literal hace menguar las críticas, pero convierte el lenguaje cinematográfico en un prisionero que clama por la libertad.

c) El posible adulterio: la "lectura inadecuada"

Podría decirse que este tipo de lectura es la más difundida entre quienes se ocupan de reflexionar sobre las transposiciones y un invariable sitio de paso por el cual circula el análisis toda vez que los cineastas deciden tomar un clásico literario o un texto sobre el que hay acuerdo en su valor literario. Pero el problema de la "inadecuación" no es privativo de los textos que gozan de consenso crítico o académico, ya que es una clase de argumentación que –aunque menos usual de lo que debiera– es factible plantear sobre materiales literarios menos prestigiosos. En realidad, lo que se verifica en el caso de las lecturas inadecuadas es una asimetría de lecturas o interpretaciones del libro que sirvió de origen al filme.

Esta asimetría de lecturas, evidentemente, no está circunscripta sólo a los clásicos sino también a un abanico diverso de materiales literarios. Las objeciones que pueden formularse a cierto modo de leer un texto no tienen que ver sólo con la sanción de un modo de leer correcto o de un modo de leer incorrecto, sino de aceptar como válido aquello que decía Ricœur cuando afirmaba que que la acción de interpretar consiste en "seguir la senda abierta por el texto".[27]

Ahora bien, esta idea de Ricœur permite un nuevo giro en la reflexión: ¿un texto abre una senda que *puede* seguirse o abre una senda que *debe* seguirse? La línea fronteriza entre ambas opciones es muy delgada. Porque aunque hay acuerdo en que es imposible clausurar el sentido de una obra, también es cierto que no todas las interpretaciones son equivalentes, ni pertinentes. Para explicarlo con más precisión, veamos dos ejemplos donde se han transpuesto textos literarios que aunque difícilmente podrían señalarse como clásicos, sí poseen un estatuto de obras maestras de la literatura.

Cuando Richard Brooks decide transponer al cine la novela *A sangre fría*, de Truman Capote, opta por una serie de pervivencias y transformaciones. Una de ellas consiste en reemplazar al narrador anónimo original –el invisible autor implícito Capote– por el periodista que encarna Paul Stewart, que es quien va llevando la investigación y opera como conciencia moral de lo que se está narrando. Otra, busca convertir aquello que el narrador expone sobre Perry, sin juicios valorativos nítidos, en *flashbacks* que explican su comportamiento, del mismo modo que cuando decide intercalar los informes psiquiátricos en distintos pasajes de la narración en lugar de situarlos hacia la últi-

---

27. Ricœur, Paul: "¿Qué es un texto?", en Ricœur, 1999, pág. 78.

ma parte, como ocurre en la novela, lo que también funciona como un intento por dictaminar las motivaciones del crimen. Y una última, es la manera en que Brooks remarca las pistas –la huella del zapato, la cuerda con que Perry ata la caja–, elementos que dirigen su película hacia un policial de enigma con culpable identificable, que era exactamente lo que intentó evitar Capote si se revisa el modo de definir sus personajes y trabajar la ambigüedad del punto de vista.

Como decíamos páginas atrás, cuando Luchino Visconti se propuso hacer un filme con *La muerte en Venecia* de Thomas Mann, sabía positivamente que se encontraba ante una novela concebida desde el riguroso punto de vista de Gustav von Aschenbach, por lo que debía construir una identificación con el personaje sólo posible si hallaba los puentes entre el material literario y el material cinematográfico. Tratándose de un texto donde el diálogo es pura ausencia y lo que prevalece es la descripción como método, adoptó ciertos criterios claves. Por un lado, recogió al personaje recién durante su viaje a Venecia, podando todas las justificaciones mentales que a Mann le tomaban un largo y maravilloso tiempo exponer. Por otro lado, determinó que los únicos planos subjetivos, ya visuales o sonoros, así como los únicos *flashbacks*, fueran los de Von Aschenbach, con el recaudo de que esa mirada siempre se ocupe de integrar al personaje con el espacio que lo rodea. Por último, Visconti ideó una puesta en escena en estricta relación con esa voluntad narrativa, empleando como recursos excluyentes la toma panorámica y el *zoom*, con lo que el nivel de la descripción subjetiva era potenciado por el concepto visual del filme.

Más allá de las distancias de todo tipo que separan la obra de Richard Brooks de la de Luchino Visconti, estos dos ejemplos procuran revelar que no todas las lecturas son equivalentes, ni determinan una evaluación análoga. Como quedó dicho, esa diferencia radica en el modo de leer los textos, pero también en el modo en que se piensa el pasaje de la obra literaria a un medio disímil. Porque, de creer que todas las lecturas tienen validez similar, terminaríamos por dinamitar esas diferencias que ubican en un lugar la obra de Brooks y en otro la de Visconti.

El concepto de lectura inadecuada no se basa en la idea de que hay una senda que *debe* seguirse, sino en que ciertas sendas que se siguen, al leer un texto de una cierta manera, ponen al desnudo mayores o menores pertinencias con el autor y su visión del mundo, con su modo de narrar, con sus historias y personajes, con lo que hizo que el texto fuera lo que es. Que el sentido de una obra sea una serpiente que zigzaguea, que sea inaprehensible, no debe hacer creer que toda lectura es válida, aunque sea legítima. Pero sobre esta cuestión de la validez o la legitimidad volveremos más adelante.

A manera de verificación se incluyen aquí los casos de dos novelas unificadas por el tema de la dominación que ejercen ciertos personajes sobre otros, como son *Los anteojos de oro*, del italiano Giorgio Bassani, y *Las ratas*, del argentino José Bianco, que convirtieron en filmes Giuliano Montaldo y Luis Saslavsky, respectivamente, más allá de que el contacto de estos dos autores con el cine sea exactamente inverso.

Bassani-Montaldo: *El hombre de los anteojos de oro*

Aunque con frecuencia se incluye a Giorgio Bassani entre quienes –como Elio Vittorini, Cesare Pavese y Carlo Cassola– hicieron de la literatura de posguerra italiana un espacio para reflexionar sobre el compromiso político, su obra se diferencia de la de sus contemporáneos. Para Bassani, el ambiente social e ideológico que domina una época es una textura que se desliza con lentitud y progresión sobre personajes cuyas vidas, sistemáticas y en el límite de lo anodino, no parecen tener gran conciencia de lo que va produciéndose a su alrededor. De todos modos, pronto toman conciencia de que esa laxitud en que creían estar sumergidos no era más que ceguera e imposibilidad de contactarse con la realidad más próxima, como le ocurría a los burgueses de *El jardín de los Finzi Contini*.

Cultor como pocos de la memoria como dimensión de lo intangible y del detalle como disparador de la emoción, amante afanoso de las historias de solitarios que terminan canjeando su soledad por la dominación de los otros, Bassani hizo de su literatura un territorio apaisado y tenue, donde los modos de describir lugares conseguían la misma exquisita precisión que los que empleaba para dar cuenta del alma retraída de sus protagonistas. Nada más lejano a sus intereses que la presión sobre sus personajes; nada más lejano a sus intereses que las prosas didácticas sobre las multitudes humanas.

Quizás haya sido esa afinidad con el retraimiento recogido que caracteriza a sus personajes lo que hizo que amara el cine. No sólo que sea parte indivisible de sus ficciones en su amada Ferrara, sino el vínculo pródigo que el mismo Bassani mantuvo con el cine, como partícipe o testigo de una variada diversidad de transposiciones de sus relatos, desde la lejana *La larga noche del '43*, de Florestano Vancini, pasando por *El jardín de los Finzi Contini*, de Vittorio De Sica, hasta llegar a *El hombre de los anteojos de oro*, de Giuliano Montaldo.

En la novela *Los anteojos de oro*, lo que anima a Bassani es escribir el retrato de la vida provinciana en la Ferrara de los años treinta, que también era el corazón de su volumen de relatos *Lida Mantovani y otras historias*, mientras que lo que impulsaba al cineasta Giuliano Montaldo en el filme homónimo era una vocación por extraer de la novela el núcleo de la intolerancia como motor de la transposición. Si bien el proyecto cinematográfico tuvo dos etapas de trabajo de transposición, nunca trascendieron los móviles de cada grupo de guionistas, aunque en una primera etapa quienes escribieron fueron Nicola Badalucco, Enrico Medioli y el cineasta Valerio Zurlini (que trasladó *El desierto de los tártaros*, del contemporáneo de Bassani, Dino Buzzatti); en tanto en un segundo y definitivo momento, el trío se conformó con Badalucco, Antonella Grassi y el propio realizador Montaldo.

Que la película plantee un alteración inicial, con el grito al descubrir el cuerpo flotando en el mar y el parsimonioso *zoom* a los anteojos de oro caídos sobre el fango, para hacer luego un extenso *racconto* que ocupa todo el filme, no es una transformación decisiva. Acto seguido, un cartel nos informa que estamos en Ferrara, en 1938.

Más allá de que la versión internacional haya sustituido el esencial uso de la lengua italiana de Bassani por el inglés que exigen por convención los filmes de este carácter, la película de Montaldo adolece de otros problemas. Porque si bien permanecieron las misteriosas caminatas del Doctor Fadigatti, los continuos viajes en tren de los *ragazzi* de Ferrara a Bolonia donde contactan al médico, a pesar de esas persistencias se ha ensanchado la presencia de la intolerancia frente a los judíos: el profesor que es expulsado de su cátedra, o el diálogo entre la pareja de David y Nora con aquello de "temo que moriremos todos", o los ataques discriminatorios a David. Todo aquello que Bassani pone de un modo casi imperceptible, como detrás de un velo, desplazado de toda atención central, adquiere una omnipresencia absoluta.

La novela de Bassani era un relato en primera persona –modalidad que el filme decide heredar, aunque con esfuerzo– construido alrededor de percepciones evanescentes, donde se alternan y entrecruzan la iniciación sexual y escolar con el crecimiento de una ciudad en un tiempo prolongado, o si se prefiere con la conversión del pueblo en ciudad. Para Montaldo no había manera de apropiarse de ese material tal como se presentaba, y recurre a una inversión: el segundo plano queda adelante, y el primero detrás. Un ejemplo de esto es la presencia didáctica de las discusiones entre David y su padre.

Otros personajes y situaciones están directamente tomados de la novela, como la inclusión de Eraldo (el mancebo rubio), la simetría de los *sandwiches* que Fadigatti se ofrece a ir a comprar, la presencia de la señora Lavazzolli en el tren, los paseos nocturnos del doctor, el paso de Eraldo por el mundo del boxeo, y las habladurías del escándalo. Pero tanto lo que se mantuvo del texto de Bassani como los añadidos de la historia de David y Nora y sus inevitables escenas eróticas bañadas de tonos ocres, todo está como apresado en un formato de reconstrucción de época tan apremiante y vistoso que cuando reaparecen los diálogos y percepciones del narrador ya es demasiado tarde, porque Montaldo se ha dedicado a comprimir, y por lo tanto a simplificar ese universo vivido como un continuo de experiencias que había tejido Bassani.

En la novela no hay una jerarquización ni un uso de las mayúsculas indicativas para que el lector discrimine lo trascendente, sino todo lo contrario: el autor prioriza esa idea de que todo es parte de algo así como la fluidez de la vida. Inversamente, en la versión de Montaldo, cuando el profesor Prudger es denostado, de manera sintomática dice una frase que explica con justeza el tipo de transposición del director: "La gente entiende todo, cuando se lo explicas bien". Justamente, el problema de la lectura que hace Montaldo está focalizado en la idea de la explicación, ya que Bassani ponía las tensiones políticas y raciales como un velo que va ensombreciéndose, y ésa siempre fue su cualidad como escritor: el paisaje de la interioridad. Pero Montaldo cree que actualizar esa historia consiste en iluminar lo velado, poniendo su película más cerca del cine italiano de denuncia que de la narrativa descriptiva de Bassani.

Bianco-Saslavsky: *Las ratas*

Si pudiera dibujarse una imagen que defina la literatura del más injustamente secreto de los escritores argentinos, una imagen que hiciera justicia a José Bianco, quizás sería la de unas aguas supuestamente cristalinas donde algo inquietante e invisible se desplaza, como si esa prosa tersa dejara entrever un desborde exasperado que acecha por manifestarse. Siempre hay algo de pacto privado, algo de confesional, algo del orden de los vicios ocultos en los mejores relatos de Bianco.

Maestro en la ambigüedad del punto de vista, como se ve en *Sombras suele vestir*, y en los sistemas de encierro y transgresión de férreos códigos morales, como en su cuento *El límite* o su novela *Las ratas*, el arte de Bianco consiste en diseñar personajes que inoculan su enfermedad privada a la tribu familiar o social que los rodea.

En el caso de *Las ratas*, después del brutal comienzo con el suicidio de Julio, el afán de Bianco consiste en simular que narra el retrato familiar de los Heredia, pero escurriendo los afectos, los recuerdos y la estirpe histórica, a partir del diario en primera perso-

Afiche publicitario de *Las ratas*.

na del adolescente y aprendiz de pianista llamado Delfín. Esa mirada o voz única es la que aleja la novela del discurso directo y es la que ausculta a un padre que se volvió a casar con una mujer mucho más joven, y de la que termina enamorándose tortuosamente Julio, único hijo del matrimonio original, que trabaja en un laboratorio en la propia casa. El habitual universo endogámico del escritor se despliega con regularidad, con esos personajes que van pasando de la admiración al amor y del amor a los celos o la decepción, todo narrado como si se tratara de espionajes caseros que buscan engullir, enfermar o destruir a los otros, envenenarlos con un laberinto de chismes, haciendo que los cuerpos nunca consigan encontrarse, royendo sus monstruosos sentimientos.

Con una delectación elegante, Bianco hace de la austeridad una obsesión, y de la justeza de tono una norma, sobre la que edifica ese circuito cerrado en base a medias verdades y espionajes caseros por donde se cuelan, muy calculadamente, una pocas hebras sueltas del tejido narrativo. Todo parece concebido como una representación, como un simulacro donde lo que importa está desviado hacia los márgenes del texto. De allí las dificultades que ofrecía una posible transposición de *Las ratas*: la improbable identificación con personajes abominables y la propensión a sugerir lo relevante.

Bianco nunca demostró interés por el cine, tildándolo de pasatiempo para que los espectadores exhumen sus peores violencias, al decir de un personaje de *La pérdida del reino*. Incluso cuando se entusiasmaba y se decidía a escribir sobre alguna película –como le pasó con *Effi Briest*, de Fassbinder, y *La marquesa de O.*, de Rohmer–,[28] lo hizo como una variante de sus ensayos sobre literatura, o por lo que hallaba de cercano a sus propias ficciones.

Y esa distancia con el cine quizás haya motivado su decisión de no participar en la versión cinematográfica de *Las ratas*, que Luis Saslavsky siempre había querido dirigir y pudo concretar en 1963. Con una filmografía en la que destacan transposiciones de Cocteau, Simenon, Calderón de la Barca y Boileau y Narcejac, no parece insólito que Saslavsky haya decidido encarar junto a Emilio Villalba Welsh la traslación de una novela que siempre había atesorado como proyecto.

Pero desde los títulos iniciales, con sus imágenes de máscaras cayendo, Saslavsky exhibe su voluntad de suprimir ambigüedades y evitar interpretaciones erráticas. El afán por hacer visibles las sugerencias que Bianco ensombrecía deliberadamente termina de verificarse al exponer el adulterio incestuoso de la madrastra María (Aurora Bautista) con Julio (Alfredo Alcón) de una manera explícita. Al desvelar y explicitar esa situación prohibida, se pierde gran parte del sentido que hacía de *Las ratas* un texto notable. Con el fin de la alusión, de algún modo también se erosiona el padecimiento secreto que agobia a los personajes hasta hacerlos estallar.

Esa conversión de lo oscuro en luminoso pareciera tropezar con aquello que advertía Lawson, al afirmar que no se puede transformar la ficción literaria en filme sólo duplicando las escenas "dramáticas" y omitiendo los pasajes "de prosa".[29] Es que más que los avatares de la trama, lo que seduce de Bianco es su modo de definir en entrelíneas lo más abyecto del ser humano, y esa sutileza está, preferencialmente, en lo que Lawson llama los pasajes "de prosa".

---

28. Bianco, José: "Dos films alemanes", en Bianco, 1988.
29. Lawson, John H.: "Film: The Creative Process", en Murray, 1972.

También parecen injustificados los *aggiornamentos* de época que trajina la película, y que convierten al melodrama de familias de inicios de siglo en una historia moderna de desviados en la era del *twist*. Y más inimaginable aun es la razón por la cual se reemplaza al narrador original Delfín por la novia perpleja de Julio, Cristina (Bárbara Mugica), que en el texto se llamaba Cecilia. Es difícil justificar este último cambio, porque hay datos que ella jamás pudo haber conocido pero sí Delfín, quien pese a narrar retrospectivamente, al mismo tiempo niega su responsabilidad en lo ocurrido.

Hay aciertos, en cambio, al atenuar, y casi hacer desaparecer, la perversidad de la anciana Isabel, que en el texto adquiría un protagonismo gigantesco manejando a los otros como marionetas. Y no es menos certero el añadido de la escena campera, con juego de pato, asado, vals y lluvia que culmina en pasiones desaforadas, aunque es notorio que Saslavsky siempre cultivó la gauchesca, desde algunos pasajes de filmes iniciales como *La fuga*, pasando por *Vidalita*, y hasta en su último trabajo para cine, *El Fausto criollo*.

Más allá de esos cambios que introdujo la versión de Saslavsky, o de la ligereza que aportaron los decorados naturales, lo que prevaleció es la imposibilidad del director de "apropiarse" del texto del autor. Pura confusión, al trocar la gravedad original en solemnidad. Y que haya fracasado la "apropiación" es crucial, porque la apropiación es la columna vertebral de la literatura de Bianco.

d) La intersección de universos: el escritor y el director como autores

Aunque la literatura y el cine son disciplinas que se contactan y distancian, es indudable que cuando los cineastas eligen un texto literario es porque encuentran en él ciertas resonancias, o lo que interpretan como resonancias. Esas resonancias, evidentemente, indican las maneras en que los cineastas leen esos textos, lo que ven en ellos, más allá de atisbar eso que –un poco ligeramente– suele señalarse como su potencial cinematográfico.

Pero esas resonancias que son los modos de lectura, también son producto de las afinidades entre el mundo del autor y el del cineasta. Es obvio que plantear afinidades de mundos supone tomar en cuenta un proyecto artístico extendido en el tiempo, para poder comparar regularidades, tipos de personajes, predilección por ciertas historias, invariantes en el trabajo sobre el punto de vista o bien utilización de recursos de estilo recurrentes.

Esta certeza, sin embargo, abre un nuevo interrogante: ¿cómo detectar esas vecindades de universos cuando se trata del único libro de un autor, o del primer filme de un director? Esta pregunta es pertinente, más allá de las oscilaciones, tropiezos, interferencias o rectificaciones que atraviesan el interior de las obras de un escritor o de un cineasta, y cuyos móviles pueden ser de distinto grado y espesor, aunque parezca que los cineastas corren con la desventaja de un medio donde la noción de autor posee un valor reducido en comparación con esa misma noción aplicada a la literatura.

Si toda transposición es un diálogo entre dos disciplinas, no puede dejar de pensarse que, como en todo diálogo, pueden intervenir distintos tipos de interlocutores: dos personas que hablan el mismo idioma, o bien una que habla un idioma y otra que habla otro diferente, o bien dos que hablan el mismo idioma pero uno no comprende al otro, o bien una que habla en exceso y otra que prefiere callar, o bien una que habla y otra que no sabe qué responder y repite las palabras del otro. El abanico de variaciones tal vez sea infinito, pero cuando planteamos una intersección de universos nos estamos refiriendo a dos interoluctores que parecieran encontrar la voz justa para entenderse. Y también se debe comprender que, si bien la obra literaria, por orden de llegada, precede al filme en todo acto de transposición, ese orden puede invertirse, y de hecho hay veces en que se invierte, cuando los escritores eligen a un cineasta para que materialice el tránsito de su texto a la pantalla. Que el cineasta seleccione el texto es una contingencia propia de los encuentros, y no una condición de ellos.

En este sentido, el caso de la intersección de universos de que es producto el filme *Stalker-La Zona*, que reúne los mundos de los escritores Alexandr y Boris Strugatski y del director Andrei Tarkovski, no deja de ser extraordinario, sobre todo si se tiene en cuenta el filme anterior del realizador, *Solaris*. En la novela *Solaris*, de Stanislaw Lem, aparecía el gran tema del océano de los recuerdos, que Tarkovski construía como centro de su filme. En cambio, en la novela *Picnic extraterrestre*, que dio origen a *Stalker*, aparecía un tema análogo, como es el de la bola dorada que materializaba los deseos, y que Tarkovski trabaja de otra manera, digamos menos profana, ligada ahora a lo sagrado.

Esta apropiación de Tarkovski optó por limar los diversos registros de habla de la novela –el diario, el informe científico, el discurso indirecto–, organizando la estructura del filme en torno del viaje de tres figuras que representan la experiencia práctica, la certeza teórica y la duda del arte. Pero ese viaje es menos un viaje físico que una frontera que desdibuja los límites entre la conciencia y el delirio paranoico. Es más un paisaje de la mente que un espacio material, como si llevara a un extremo de abstracción lo que ya había probado en *La infancia de Iván*. Hasta el propio Tarkovski definió en su momento a *Stalker* como un *western* del cerebro, lo cual no dista mucho de parecerse a una declaración de principios sobre la clase de transposición realizada.

A su vez, la riqueza del relato literario de los Strugatski imaginaba un paisaje aterrador por ser pródigo en restos culturales de la ciencia, de la vida cotidiana y del arte y la comunicación. Aunque más cómodo en la formulación de preguntas que en la producción de respuestas, no parece apresurado decir que Tarkovski acuerda con la idea que planteaban los autores, con la oposición entre la naturaleza, como lo incontaminado, y los efectos de la cultura mal entendida como un camino proclive a la decadencia, en particular si se examinan esos excepcionales fragmentos que –a modo de *inserts*, en blanco y negro– recorrían *El sacrificio*, y que difícilmente puedan dictaminarse como oníricos, o *flashbacks*, o meras imaginaciones del protagonista. Si los osados personajes de *Stalker* buscaban, cada uno a su modo y desde su propia visión del mundo, esa quimera que es el fin último de las cosas, esa búsqueda no parece muy distante de la del Alexander de *El sacrificio*. Pero la afinidad de Tarkovski con la novela no está cifrada sólo en los conceptos que animan a sendas disciplinas, ya que bien podríamos pensar en esa destreza de los escritores en los cambios bruscos de velocidad y de tono, o en la violencia de las elipsis de un párrafo a otro, y allí se notaría de qué modo el cineasta pudo materializar equivalencias cinematográficas para esas resoluciones tan complejas, problemas sobre los cuales ya venía trabajando desde *El espejo*.

Con esto no pretendo decir que no haya diferencias entre la novela y el filme, más allá de que ambas obras comiencen con la entrevista radial al doctor en física. La distinción de disciplinas no sólo no está anulada, sino que ha sido "jerarquizada" en la medida en que el relato literario contemplaba un arco temporal muy extenso y al mismo tiempo deliberadamente impreciso, con elipsis bruscas que convertían al lector en azorado detective de pistas mínimas. O en tanto los recuerdos inundaban al guía Red, estableciendo una continuidad en la discontinuidad, o en cuanto a la figura del padre simbólico del guía, o en cuanto a los efectos de las mutaciones sobre los personajes –Red, su hijita Mona– impracticables en el filme, o en cuanto al hecho de que hay múltiples merodeadores que van a la Zona y comercian luego "objetos" allí obtenidos en el mercado negro. Todos esos rasgos están trastocados en el filme, así como el decisivo espesor xenológico –ciencia ficción cruzada con lógica formal– que sostenía los intereses de los Strugatski, y que quedó en segundo plano en el filme de Tarkovski. Pero nunca se ha dicho que la intersección de mundos implique un contrato de fidelidad, sino un diálogo donde más que las pérdidas se contempla la clase de encuentro entre las obras de dos artistas.

A fin de ilustrar esta modalidad de la intersección de universos, se toman aquí cuatro ejemplos diametralmente opuestos. Por un lado, dos filmes de un mismo director a partir de dos textos de distintos autores: *Reflejos en un ojo dorado* y *Desde ahora y para siempre*, ambos dirigidos por John Huston. Por otro lado, dos filmes de distintos directores y distintos autores, pero que pertenecen al territorio de la fábula.

Huston: el hombre que transponía demasiado

Si creyéramos ciegamente en lo que suelen decir los escritores y muy a menudo reafirman los críticos, la situación más usual que supone cada transposición debería parecerse a la de un cuadrilátero imaginario con dos púgiles de distinta categoría, batallando ensangrentados. Y aunque es obvio que este combate muchas veces se acerca a la verdad, hay muchas otras donde en lugar de desigualdad hay desdén o sumisión. Y hay tantas otras donde no hay combate sino enamoramiento, donde no se trata del encuentro de contendientes de distinto peso sino de esos momentos singulares donde los mundos del escritor y del cineasta detectan todos los aspectos que comparten, como si se eligieran mutuamente.

Quizás por tratarse de un cineasta que –como Joseph Losey, Claude Chabrol o Leopoldo Torre Nilsson– edificó su filmografía casi exclusivamente en base a transposiciones, en el cine de John Huston se dieron cita tanto el pugilato como el desdén o la sumisión. El vínculo entre la obra de Huston y la literatura ha sido vasto y complejo, especialmente porque se atrevió no solamente con *La Biblia*, o con *Bajo el volcán*, sino también con *Moby Dick*. Con frecuencia sus versiones de esos textos clásicos generaron las más ásperas reacciones, y una de las más destacables –por la envergadura de los luchadores– fue la del ensayo de Eric Rohmer sobre *Moby Dick*, en el que después de cuestionarle que no era literal, afirma que entre la novela y el filme no hay una diferencia de grado sino de naturaleza, que consiste en que la obra de Melville es una meditación sobre una experiencia, mientras la de Huston es una meditación sobre un libro.[30]

La impiedad del castigo de Rohmer podría aplicarse a otras transposiciones del director, pero al mismo tiempo Huston hizo por lo menos dos filmes que hubiera podido enarbolar como respuesta a los juicios asestados por su contendiente Rohmer, donde parecería producirse ese tan improbable y anhelado gineceo entre escritor y cineasta, y que fueron sus transposiciones de *Reflejos en un ojo dorado*, la *nouvelle* de Carson McCullers, y del cuento "Los muertos", incluido por James Joyce en el volumen de relatos titulado *Dublineses*. Pero, ¿cómo podemos aventurarnos a decir que hay una intersección de mundos de Huston tanto con Carson McCullers como con James Joyce? Hay un hilo invisible que anuda esos textos a la obra del director: su predilección por historias donde el ocultamiento adquiere el estatuto de arte, y donde la derrota sume en la más profunda melancolía a los personajes. Pero, además, y traspasando el indudable valor cinematográfico de esos filmes, se trata de dos transposiciones con un signo común, si se quiere externo al resultado en sí, pero que tal vez las hermane secretamente, y es que ambos rodajes se cumplieron uno con la escritora y el otro con el cineasta en plena enfermedad terminal.

Huston-McCullers

Carson McCullers ya padecía de invalidez progresiva cuando John Huston, que iniciaba la filmación de *Reflejos en tus ojos dorados* con los notables Marlon Brando y Elizabeth Taylor, le escribe para que vaya unos días a su casa irlandesa de Saint Clerans, cerca de Galway. El propio Brando –poco proclive a exteriorizar afectos– le rogó que fuera a verlos. La escritora quizás haya aceptado porque el cine tenía para ella un lugar atesorado –como para la púber de *Frankie y la boda*–, después de oír tantas historias fascinantes que le contara Tennessee Williams de sus vaivenes con los estudios, después de imaginar que sería Anna Magnani quien corporizaría a la aindiada Miss Amelia de *La balada del café triste*, su relato más singular.

En esa breve convivencia, McCullers pudo llegar a hablar con Huston de su mutua pasión por "Los muertos", de Joyce, que –curiosa simetría– sería el testamento fílmico del director, veinte años después. Una vez retornada a su casa, nunca supo que Huston trabajó a destajo para que ella viera el filme, porque dos días después de que el equipo concluye-

---

30. Rohmer, Eric: "Lección de un fracaso", en Rohmer, 2000.

Marlon Brando y Elizabeth Taylor en *Reflejos en tus ojos dorados,* de John Huston.

ra la primera copia, con cincuenta años su vida se extingue sin verla, en el hospital de su amada Nyack, tras cincuenta días de coma, luchando, como siempre, su firme pulseada con la muerte. Esta historia de desenlace trágico privó a McCullers de ver con los propios ojos la más perceptiva de las transposiciones de su exigua literatura.

Convertir los relatos de McCullers en películas no es un proyecto demasiado simple. Pese a eso, la pasión de sus devotos los hizo tropezar y tropezar con los riesgos que trae su traslación. Le pasó a Robert Ellis Miller con la apenas ilustrativa *El corazón es un cazador solitario,* vano intento de traducir códigos. Y le pasó también a Simon Callow, tomando las decisiones más inconvenientes en *La balada del café triste,* sin poder resolver el narrador omnisciente ni hallar ideas pertinentes para el revivir del pueblo y de Miss Amelia que producía el jorobado Lemon. A su vez, ni el filme de Fred Zinnemann, *The Member of the Wedding* (sobre *Frankie y la boda*), ni *Une pierre, un arbre, un nuage,* de Christine Van de Putte, sobre el epifánico relato *Un árbol. Una roca. Una nube,* se llegaron a conocer en Argentina.

Lo que sí es evidente es que muchos estudios sobre McCullers le otorgan a *Reflejos en un ojo dorado* el lugar del desinterés. Esta tenaz injusticia se explica por el hecho de que a McCullers le estaría vedado hablar sobre mundos ajenos, como aquí el fortín militar. La trama se centra en el rígido y larvado homosexual capitán Wendell Penderton, que se obsesiona con el soldado Elgee Williams, mientras éste espía cada noche a Leonora Penderton, su casi imbécil, sensual y adúltera esposa. Ella no duda en tener relaciones con el mejor amigo del marido, el mayor Langdon, cuya mujer Allison vive enferma y postrada junto a su criado filipino Anacleto.

Ese desinterés de la crítica por *Reflejos...* se funda en varias tesis. Una dice que la historia se la refirió –o integró la biografía de– su autodestructivo esposo Reeves. Otra, menos indudable que pérfida, destroza a McCullers por plagiar *El oficial prusiano*, de D. H. Lawrence, con la que hay nexos puntuales como el vínculo entre capitán y soldado, aunque el tono y el rumbo de sus personajes se alejen de los de Lawrence. Pero la que la rescata con perspicacia, Margaret B. McDowell,[31] detecta los centros clave. No sólo ubica a *Reflejos...* como quien abre un cambio tonal, trocando ironía por realismo, respecto de la anterior y consagratoria *El corazón es un cazador solitario*, sino más bien trabaja el motivo del narrador distanciado, el registro realista quebrado por pasajes extraños, el tono pesadillesco que inunda la narración, el circuito del mal, el deseo de Penderton de controlar percepciones ajenas, la naturaleza como extensión del soldado, la visión fragmentada de todos por estar en micromundos, o el lugar simbólico de luz, oscuridad y "reflejos".

Esta lectura atenta de *Reflejos...* también compendia, sin pretenderlo, los problemas de transponer este relato de McCullers. Pese a las peleas infinitas con su productor Ray Stark y los popes de Warner por el color del filme –él buscó un dorado ámbar difuso y la compañía impuso un technicolor rabioso–, Huston siempre creyó que era una de sus películas más perfectas por el rigor de su construcción. Y era cierto, con el añadido de que *Reflejos...* es, sin dudas, uno de los más exactos ejemplos del encuentro entre un escritor y un cineasta, un modelo de fidelidad al texto y a la propia obra del director. El espíritu épico de quienes buscan afanosamente lo que nunca tendrán y que a cambio se enfrentan con el paso irremediable del tiempo, es la médula espinal del mejor Huston, de *El halcón maltés* a *Ciudad dorada*, de *El tesoro de la Sierra Madre* a *Mientras la ciudad duerme*, de la notable *La burla del diablo* a la magistral *Desde ahora y para siempre*.

---

31. McDowell, Margaret B.: *Carson McCullers, un corazón solitario*, Buenos Aires, Fraterna, 1983.

Aunque el cine de Huston siempre tuvo un pie en la literatura –un guión original era para él casi un exotismo–, su modo de leer a McCullers es análogo a su modo de leer a Joyce. En ambos casos, la prescindencia del diálogo como camino único de lo que se debe informar hace que todo fluya por situaciones donde las miradas capturadas, el movimiento de los personajes en el espacio y el deseo de marcar las percepciones fugaces, deriven en puestas en escena cerradas, donde nadie logra decir lo que le pasa, y cuando se decide a hacerlo, ya es demasiado tarde. Huston elude toda literariedad, aunque incluye el párrafo inicial en el comienzo del filme y lo repite en el epílogo.

En consonancia con las cercanías temáticas entre autora y director, los guionistas Chapman Mortimer y Gladys Hill perfilaron una tarea asombrosa, ya que el filme recupera puntualmente la estructura pero también los bruscos cambios de tono, la unidad de lugar y la unidad de acción, con sus seis personajes en busca de amor a cargo de un reparto que sólo en sus policiales Huston consiguió igualar, con Brando jamás tan económico en Penderton, con Taylor jamás tan vulgarmente fatua en Leonora, con Forster como el soldado y Julie Harris haciendo de Allison.

Más inusual es el modo en que Huston pudo obtener equivalencias para los símbolos esenciales del relato, como el caballo blanco Firebird, los reflejos en el ojo, los límites geográficos y morales, las simetrías del mirar inverso en Penderton y Williams, o la incertidumbre –la delgadísima frontera ambigua que proponía McCullers– entre lo femenino y lo masculino.

Pero quizás el rasgo de personalidad y estilo depurado más significativo de Huston sea el que lo hizo negarse a la tentación de hacer funcionar la naturaleza como en el texto, no buscar reemplazar la palabra de corte asociativo y poético por imágenes que devuelvan ese espesor perceptivo. En vez de ese error tan frecuentado, prefiere que la posición de cámara siempre haga ver algo más del cuerpo y las acciones de sus personajes, como puede advertirse en las escenas de los espionajes furtivos, o los juegos de cartas. Y el otro aspecto –similar y complementario con el anterior– está en los pasajes de punto de vista, invariablemente marcados por la entrada inopinada y precisa de la música, y también por la elección del tamaño de planos, que se hacen más estrechos o distanciados según lo exija el fluir dramático. Huston demostró cómo se hacía y, desde algún lugar, finalmente, McCullers sonríe feliz.

Huston-Joyce

John Huston deseaba hacer *Los muertos* desde décadas atrás, treinta años atrás según dicen sus actores, aunque el propio director aseguraba que desde su infancia, cuando su madre le regaló el volumen de relatos *Dublineses*. No sería su salud quebradiza lo que iba a detenerlo, sino al revés. Es que la lectura más ingenua que pueda hacerse del relato de Joyce permite suponer que se trataba del momento indicado, cuando el indetenible paso del tiempo había dejado tantas secuelas en el físico y el alma del realizador como en el físico y el alma de los personajes del cuento, en esta tragedia introvertida e implotada que merodea una localidad de Galway que Huston pudo reconstruir con precisión en California porque en ese lugar de Irlanda residió en sus últimos años. *Desde ahora y para siempre* fue su último filme y lo realizó enfermo pero aferrado al cine y a la vida, tanto como a ese respirador artificial que empleó durante todo el rodaje y que intentaba prolongársela, según puede comprobarse en el espléndido documental *John Huston and the Dubliners*, de Lilyan Sievernich.

Para Huston, entonces, esta transposición no venía a sumarse a la extensa nómina de relatos literarios que lo hicieron brillar y trastabillar. Esta vez era diferente, y por eso pareció ir tanto tras una quimera como de un salto al vacío. Por un lado, es notorio su afán por sincretizar los materiales de la narración literaria con los de la narración cinematográfica; por otro lado, busca poner esos materiales (o códigos) en tensión.

Es así que si se piensa la estructura narrativa del filme, ese respeto al origen consiste en una técnica del relato clásico –mostrar y escamotear, como le gusta decir a Saer–[32] y donde los detalles o intromisiones dejan siempre latente algún conflicto que asoma para luego congelarse y permanecer en puntos suspensivos. También mantiene con celo la envolvente y presunta banalidad de los diálogos de la historia de Joyce, tanto como las elipsis temporales –el análogo cierre de la escena de la comida con el discurso, por caso– y el puntual recurso de las descripciones de los personajes. Más aún: si bien convierte en gestos ínfimos los pensamientos de Gabriel Conroy que atraviesan el cuento, emplea la voz *off* literal y literaria en el desenlace, que es cuando el propio relato pedía una lectura cualitativamente diferenciada, y la puesta en escena de Huston encuentra esa diferencia, en un epílogo cinematográfico memorable.

---

32. Saer, Juan José: *El concepto de ficción*, Buenos Aires, Planeta, 1997.

Pero si bien es evidente la homología de procedimientos, Huston no olvida que el arte del cine opera con otros materiales. O para decirlo con más precisión: que el tiempo de la lectura literaria y el tiempo de la lectura cinematográfica difieren. Por lo tanto, todo lo que Joyce "describe" del pasado de sus personajes, su necesidad de crear en la imaginación del lector la idea de criaturas que cargan el peso del tiempo transcurrido, Huston lo resuelve con los materiales del cine. Tomemos tres ejemplos.

Cuando Mary Jane (Ingrid Craigie) ejecuta una melodía en el piano y Gabriel (Donald McCann) la observa, vemos "lo que él observa" mediante tomas subjetivas y, finalmente, la cámara se independiza de la acción y podríamos decir que "sigue el recorrido de la mente del personaje por esa casa", con todos los recuerdos que tiene para él y que a Joyce le tomaba tanto trabajo exponer, debiendo explicitar con toda legibilidad que se trataba de "los recuerdos de Gabriel". Huston resuelve esa dificultad de la escritura literaria con un corte directo, una música que parece hacer ascender el pensamiento de Gabriel y una cámara que va desplazándose por la escalera y las habitaciones como si la evaluación de lo vivido empezara a inundarlo, preparándonos para el desenlace.

Otro momento significativo se produce en la comida, cuando la tía Kate (Helena Carroll) rememora al tenor Parkinson. En el cuento, ella relata su devoción por él, mientras que en el filme Huston realiza un movimiento de cámara sutil, un *travelling* leve acercándose a su rostro, sin perder esa cualidad de estilo prácticamente invisible que caracteriza a la mejor zona de su filmografía, según la certera definición del crítico James Agee. Al "marcar" ese instante, lo subraya, y al subrayarlo, anticipa el tramo final, la revelación del epílogo.

Y en tercer término, tenemos el momento del relato del antepasado y su caballo Johnny, que Joyce ubica en el final de la fiesta y Huston decide posponer hasta la escena en el interior del carruaje donde viajan Gabriel y Gretta (Anjelica Huston), rumbo al hotel de la confesión. Allí, nuevamente, la elección de Huston es notable porque en el gesto de Gretta empieza a insinuarse con tanta nitidez como elusividad el diálogo final de la pareja. Y en particular, las imágenes que aparecen con la voz *off* de Gabriel diciendo que "uno tras otro se estaban convirtiendo en sombras...". Si examináramos solamente el epílogo, ya podríamos hablar de cómo pueden intersectarse los mundos de estos dos narradores llamados Joyce y Huston.

Porque son justamente estas imágenes finales –superpuestas sobre textos tomados literalmente del original– las que responden a lo que

James Joyce, autor de *Los muertos*.

John Huston en un descanso de la filmación
de *Desde ahora y para siempre*.

Pier Paolo Pasolini definía como el recurso poético por excelencia del cine: cuando se produce una indiscernibilidad entre personaje y narrador-autor, cuando parece haber una asociación tácita entre ambas miradas, sin que el foco sea el personaje ni que el narrador se identifique y "vea" el mundo a través de él. Es lo que Pasolini entendía como la "subjetiva indirecta libre" en cine.

En el cuento, Joyce evidenciaba su conciencia del arte del relato: las menudencias que ocultan lo importante, las revelaciones que quedan en suspenso –cuando Kate va a criticar a Lily llega Freddy–, o ciertas observaciones como la que incluye luego del diálogo entre Gabriel y Mrs. Ivors (Maria McDermottroe), aquello de "uno siente que está oyendo la música de un pensamiento atormentado". Ese espacio que Joyce delimitaba como un taxidermista, con sus personajes embalsamados en el pasado, es recuperado con total conciencia por Huston. La convicción que denotan sus elecciones frente a un texto como el de Joyce parece estar fundada en la idea de que no había lugar para el traspié, de que iban a recordarlo –aunque más no fuera– por este filme luminoso. Simétricamente a lo ocurrido con McCullers y *Reflejos en tus ojos dorados*, en la noche previa al inicio del Festival de Venecia donde *Desde ahora y para siempre* iba a exhibirse por primera vez, la muerte encontraba a Huston durmiendo en medio de un rodaje, como si fuera consciente de su proeza, sumido en la paz que supone toda deuda saldada.

Dos fábulas: *Matilda* y *La noche del cazador*

Dahl - De Vito

Con absoluta conciencia de las claves que organizan el cuento de hadas clásico, Roald Dahl escribió la novela breve *Matilda* recuperando la idea de la emancipación del niño de sus padres terribles, como una relectura de *El espíritu de la botella*, de los hermanos Grimm, igual que antes hizo *Jim y el durazno gigante* revisando con su propia singularidad la fábula *Jack y las habichuelas mágicas*. Aunque la exageración es central en todo cuento de hadas, aquí –como es usual en la literatura de Dahl– se impone más una delectación por el grotesco como tono dominante, al tiempo que esgrime la fantasía como puerta de acceso a la resolución feliz sin ese peso admonitorio que el género acostumbra a fatigar. Esto no convierte a *Matilda* en una anomalía genérica, ya que el autor de *Charlie y la fábrica de chocolate* pone en juego una trama con secreto oculto muy propia de esta clase de relatos, así como un sistema de opuestos morales en pugna, con el castigo ejemplificador a la siniestra familia Wormwood y a esa suerte de *kapó* educacional que es la señorita Trunchbull.

Comparar *Tira a mamá del tren* con *La guerra de los Roses* y el episodio "El anillo de compromiso" en *Cuentos asombrosos 2*, permite advertir que la exigua filmografía del cineasta Danny De Vito siempre se mostró a gusto en universos confrontativos con personajes de rasgos netos y extremos, como si la mira apuntara a retratar la faceta que la sociedad y el cine norteamericanos prefieren esconder. Por eso, aunque Dahl sitúa *Matilda* en ese *ningún lugar* de la fábula y sus apuntes satíricos sólo con esfuerzo pueden aplicarse al hombre medio estadounidense, la versión cinematográfica de De Vito contacta con sus otros embates sobre cierto imaginario de su país, remarcando la afición de los Wormwood por el consumo voraz de televisión y las comidas rápidas, su olímpico desprecio por la cultura y su visión del *profit* como objetivo de vida.

Nada más lejano que una lectura libérrima para calibrar las elecciones de De Vito en *Matilda*. Sus dos guionistas, Nicholas Kazan y Robin Swicord, obedecieron el manifiesto respeto del director por la novela de Dahl y no dejaron ni una hebra de acción fuera de la trama, sin que falten ni el engaño de Harry Wormwood con el contador de kilómetros, ni la venganza de Matilda con el sombrero y el pegamento, ni su recitado de las tablas de multiplicar, ni el uso del armario de castigo, ni cuando la temible Trunchbull obliga al niño a devorar una torta gigante, o a beberse el vaso de agua donde nada una viscosa salamandra.

Son tan nítidas en la novela como en el filme las analogías entre el señor Wormwood y la señorita Trunchbull, aunque originalmente el padre de familia ignorara quién dirigía el establecimiento y en la película sea precisamente eso lo que lo decide a inscribir allí a Matilda. Tampoco desestiman el recurso de la huida de los villanos en el desenlace, construyendo un final feliz más frecuente en los cuentos de hadas que en filmes previos del realizador. Se conservaron, también, los nombres de los personajes, incluso recogiendo las indicaciones físicas y hábitos de vestuario que proporcionaba el autor, más allá de que pese a su dotación de ropas amarillas y anaranjadas, el señor Wormwood que compuso De Vito fuera rechoncho en vez de espigado, o que careciera del frondoso cabello que le asignaba Dahl a este monstruo de la ramplonería, o más allá de que el guardapolvos de la señorita Trunchbull dejara de ser marrón para devenir grisáceo.

La pertinencia de un narrador externo en el sistema comunicativo de la fábula es indudable, por lo que Dahl lo emplea sin abuso pero con total convicción, permitiéndose algunas ocasionales comparaciones y metáforas sobre los personajes. Como ejemplo del narrador delatándose a sí mismo, es útil ver cómo alude a la señorita Trunchbull:

> Gracias a Dios, no nos topamos con muchas personas así en el mundo, aunque las hay y todos nos encontramos, por lo menos, con una de ellas en la vida. Si le pasa a usted, compórtese igual que si se hallara ante un rinoceronte furioso en la selva: súbase al árbol más cercano y quédese allí hasta que se haya ido. Es casi imposible describir a esta mujer, con sus excentricidades y su aspecto pero intentaré hacerlo un poco más adelante.[33]

Y no parece objetable que De Vito se aferre a ese mismo recurso, convirtiéndolo lógicamente en una voz *off*, que tiene presencia, en particular, en la introducción del filme. En el prólogo avanza como un bólido por los primeros años de Matilda, yendo incluso más lejos que Dahl en su cultivo de la fábula, empleando a menudo una versificación del *off*.

Aunque ya en sus películas anteriores apelara a ella con protagonistas que rememoraban e ironizaban hechos pasados, esta vez la voz *off* adquiere un estatuto ambiguo, porque pertenece al propio De Vito, que concentra el doble rol de director y personaje protagónico. A la pregunta sobre quién narra en *off*, si el personaje o el director, vale responder que es el director como sinónimo del autor implícito del texto, ya que se permite comentarios sesgados o hirientes sobre el personaje que encarna en la ficción, que éste, por sus características, jamás hubiera hecho sobre sí mismo, como cuando al comienzo relata que "Harry y Zinnia Wormwood vivían en un barrio agradable, en una casa agradable, pero ellos no eran agradables". Por otra parte, es una voz *off* que no funciona como puente para traer al presente los recuerdos del personaje que hace De Vito, ya que es abultado el número de informaciones que vemos y él desconoce, además del hecho de que el personaje desaparezca literalmente del filme.

Por lo que puede notarse, De Vito entendió que los elementos constitutivos de su estilo y su predilección por el grotesco como ángulo para pensar el mundo podían entrecruzarse sin esfuerzo con el carácter de sátira cruel de la literatura de Roald Dahl, rasgo que, dicho de paso, indujo a ciertos críticos a deplorar sus relatos. Esa crueldad de los relatos de Dahl –que fascinaba a su amigo Walt Disney, y lo hermanaba con él–, esa oposición retorcida entre personajes virtuosos y personajes viciosos, encuentra en *Matilda* una expresión más

---

33. Dahl, Roald: *Matilda*, Buenos Aires, Alfaguara, 1999, pág. 68.

moderada que en *Los cretinos*, pero de todos modos en el límite de perversión tolerable por un cuento de hadas, más allá del desenlace tranquilizador. Éste es, justamente, el punto exacto de inflexión, donde se encuentran los universos de Dahl y De Vito: su afán por la exteriorización de lo siniestro del ser humano.

Si los relatos de Dahl parecen siempre vistos como por una lente deformante, quién mejor para transponerlo que De Vito, con su indeclinable trabajo sobre el mal gusto y su fascinación por la vulgaridad, sus encuadres escorzados, su pasión por el exceso. La clave la otorga un pasaje donde Matilda cuestiona la literatura de C. S. Lewis porque sus historias carecen de pasajes cómicos. Allí conectan Dahl y De Vito: las más terribles situaciones pueden ser convertidas en situaciones de comedia.

Para que esta conversión de lo trágico en cómico sea posible, De Vito apela a su habitual práctica desaforada, que lo induce a narrar *Matilda* mediante el uso sistemático del *close-up*, tanto en las escenas donde la ortodoxia aconsejaría emplear la lente teleobjetivo como en aquellas donde el cineasta módico se inclinaría por un uso estándar de la óptica, tanto para los primeros planos como para los detalles o los planos generales. El *close-up* no es un medio para acceder a otra planificación que se resuelve al final de una escena, sino que es el fin, el desenlace al que se arriba por todos los caminos posibles: desde la idea total de la escena narrada gracias al *close-up*, hasta los frenéticos *travellings* de acercamiento, ya con desplazamiento veloz de la cámara en el espacio o por desplazamiento óptico empleando el *zoom*, como en la escena del vaso con la salamandra.

Para De Vito, el cine consiste en una fiesta de la inarmonía grotesca, en una estilización chirriante de lo basto, y ésa es la razón por la cual su filme *Hoffa* parece solemne –más allá de las astucias del guión de David Mamet–, en tanto no eran conciliables el mundo de ese personaje con el del director.

Grubb - Laughton

Seguramente, Davis Grubb jamás pensó que su inflamado libelo con forma de novela, *La noche del cazador*, le traería la gloria eterna. En los años cincuenta, recién publicado su libro, la crítica literaria lo bendijo como el escritor que haría de puente entre el pesimismo de Faulkner y el optimismo de Sinclair Lewis. Pero el derrotero posterior de Grubb pareció hundirlo en el mismo pantano de maldición en que cayó –si bien transitoriamente, por diez o quince años– el filme homónimo con que debutaba y simultáneamente se retiraba Charles Laughton.

Alternando narradores, registros y espacios de la acción, Grubb narra la historia de dos niños, John y Pearl, buscando construir su destino con la suma de dinero que su padre, Ben, escondió en la muñeca de su hija. Su madre, Willa, ya sin su marido que ha sido ejecutado, desesperada, acepta al inquietante predicador Harry Powell, quien supo del dinero oculto cuando compartió la prisión con el muerto. La trama se ciñe, en su parte central, a la persecución de Powell a los chicos por las costas del río Ohio, en Virginia Occidental, durante los efectos de la depresión económica del '29.

Grubb no continúa la galería de deformaciones grotescas de un Sherwood Andersson, ni es un alumno aplicado de un Walt Whitman, por cultivar una idea trascedental menos introspectiva que verborrágica. Más bien extrae del Medio Oeste su carácter secular y tradicional, empleando uno de los símbolos arquetípicos de la narrativa norteamericana: el río. Así, mientras Mark Twain transformaba el viaje fluvial en sinónimo de la ebullición interior de Huck y Jim en *Las aventuras de Huckleberry Finn*, el esforzado Grubb reemplaza el Mississippi original por el insondable, siniestro río Ohio.

Es notorio que en la novela *La noche del cazador* se cruzan dos proyectos que convergen con precisión en uno. Por un lado, la defensa de las sagradas escrituras a través de su desvío o interpretación errónea; por otro, un formato propio del cuento de hadas, expuesto con total conciencia de sus tópicos y símbolos característicos.

Con las alforjas bíblicas al hombro, Grubb se escribe a sí mismo como una suerte de "verdadero" Harry Powell, como un predicador que se exalta en cumplir la posición moral correcta. No escatima referencias: ni el paseo en barco a la iglesia de campaña, ni las manos izquierda y derecha, como alusión a Caín, ni el corazón con las palabras "odio" y "amor" tatuadas en los nudillos, ni la zona crucial del río llamada Curva del Diablo, ni la obsesión de Willa con la noción de pecado, ni los sueños con la sangre del cordero, ni la mirada de los niños como ángeles caídos, ni el epílogo con el milagro de los panes al llegar a la casa de la encantadora viejita Rachel.

Pero al mismo tiempo, Grubb construye un cuento de hadas. Su novela comienza con el garabato infantil blanco sobre un muro, en el que se alude a la horca, prefiguración del relato que se prolonga en la canción infantil "¡Col, col, colgado! ¡Mira la obra del verdugo! ¡Col, col, colgado! ¡Mira al ladrón ahorcado!". La voluntad de Grubb encuentra su manifestación en la idea de secreto, que se perfila como el fuera de campo que debe completarse para traspasar la apariencia coléricamente católica que inunda el texto del autor. Desde el secreto, todo se orienta hacia la edificación de lo siniestro.

Es indudable que Grubb maneja los materiales del cuento de hadas y cumple con los tópicos tradicionales del género: la idea del mundo paralelo y fantástico al que los niños ingresan de espaldas a sus padres, o figuras clave como el bosque oscuro, el río inquietante, el camino que zigzaguea, los adultos corporizando formas inhumanas o irreales, el escondite revelador. Ese universo fantástico acumula detalles sobre el animismo de la naturaleza, o sobre el pasaje de la oscuridad a la luz, definiendo una puesta en situación que tendría excepcional transposición cuando la novela se convirtió en película.

Pero si bien Grubb cultiva el género del cuento de hadas, y particularmente el modelo de "los dos hermanos" –según la taxonomía fijada por Bruno Bettelheim–, al mismo tiempo lo tritura al agobiarlo con referencias religiosas de tono frenético, como si el propio autor perdiera por momentos la serenidad del ambiente que se complace en describir para erigirse, más que en una inversión, en un duplicado de su temible Powell.

Con el crítico James Agee como único guionista acreditado, United Artists decidió concederle la dirección al debutante Charles Laughton, que tuvo al ex Welles y excelso Stanley Cortez como director de fotografía, a un Robert Mitchum en pleno auge como icono *noir* para el papel del predicador filisteo, a lo que sumó y perfeccionó el papel de Rachel Cooper para rescatar del olvido a la musa griffithiana Lillian Gish.

La transposición de Laughton y Agee respeta en lo básico la cronología que escribió Grubb, que quita la división de capítulos, extrema la ironía y hace una selección entre las parrafadas encendidas del personaje de Powell, eliminando incluso un espléndido monólogo interior de John, al quedar amnésico por revivir el drama de origen. Guionista y director mantienen, en cambio, el juego entre una crispación religiosa ahora multiplicada por coros que rezan con distintas voces y el sistema del cuento de hadas. Hasta aquí, podría hablarse de una transposición con la lógica propia de los trabajos de recorte y sustitución.

¿Por qué, entonces, hablamos aquí de intersección de universos? Porque Laughton fue más allá de las imaginables operaciones de recorte y sustitución. Porque si bien en el texto la acción enlaza escenas que ocurren en distintos lugares, es difícil imaginar la solución que puso en práctica el director, con un hilo conductor resuelto con extensas tomas aéreas, como si se tratara de noticiarios o enlaces de secuencias propios de los trabajos institucionales encargados por una compañía textil o comercializadora de productos de granja. También porque, aunque es cierto que Grubb describe con esmero el peso de una luz irreal en pasajes como el del sótano o la sombra sobre la entrada de la casa, es sorprendente advertir que Laughton haya pensado toda la película con alternancia de planos escorzados, picados o contrapicados, o con sombras en la mitad del cuadro y luz teatral en la otra mitad, como si intentara demostrar –llevando la idea al extremo– que la estética del filme *noir* está imbricada con la del expresionismo alemán.

Es una comparación forzada la que puede establecerse entre el relato de Grubb y el expresionismo alemán, pero es menos improbable la relación entre el filme y *M. el vampiro negro*, de Fritz Lang, en especial porque Laughton encuadra más de una vez al predicador sobre una vidriera análogamente a como lo hacía Lang con Lorre en el bazar, como si fuera absolutamente consciente de las afinidades entre su Powell y el M. de Lang. En rigor, podría redoblarse la apuesta y pensar en *La noche del cazador* como un filme que opera de bisagra en la historia del cine. Es decir, como evaluación de los recursos que hasta allí el cine había dado: el más artificial cine de estudios con sus calles y ríos de utilería junto a planos aéreos propios del *newsreel*, las reverencias a Griffith con una Gish que sintomáticamente nos cuenta una historia (¿la del cine?), el expresionismo en el uso de la luz, el cine de Welles con sus encuadres y su velocidad en las elipsis, el cine como género que puede incluir otros géneros, filtrando motivos del cine negro con otros del fantástico o del *western*. Y finalmente la presencia de Robert Flaherty y su *Louisiana Story*. En ambas películas, había niños, ríos, padres y una geografía común, pero si Flaherty tensó los límites con su ficción reconstruida como documental, el filme de Laughton pareciera ironizarlo o invertirlo, a través de su construcción y de su moral. Flaherty es a Laughton, lo que Rousseau es a Heidegger.

Lo que demuestra *La noche del cazador*, y lo que la autonomiza de cualquiera otra transposición precedente o posterior, es que un gran cineasta puede mantener con celo el orden del relato, pero al desplegar su propio universo personal por medio de las potencialidades del otro medio, logra no ya enmascarar aquel pasado literario, sino transformarlo al punto de hacerlo desaparecer.

e) La relectura: el texto reinventado

¿De qué estamos hablando cuando decimos "reinventar un texto"? ¿Qué clase de transformaciones pueden identificarse como cruciales para hacer semejante afirmación? Evidentemente, no se trata de un maquillaje del cuento o la novela, ni de un proceso de intercambio de equivalencias o sustituciones lógicas, ni de leves supresiones dramáticas o una poda superficial de ciertos diálogos o situaciones. Más bien, puede hablarse de reinvención cuando la obra literaria es demolida para luego ser reconstruida por el cineasta. Aunque esta imagen pueda suscitar la discusión de qué materiales de la obra anterior demolida utiliza esta obra nueva del cineasta –así como se dice derribar una casa para construir *allí mismo* otra–, estamos, qué duda puede caber, ante un procedimiento que traza la mayor distancia imaginable con respecto a la palabra "fidelidad".

Y pese a que las modalidades de la demolición-reconstrucción quizás sean innumerables, algunas de ellas tienen un peso específico superior a otras. Sin pretender fijar un orden jerárquico, podríamos mencionar como relevante la traslación significativa de época. Es un caso de gran nitidez la versión de *Ricardo III*, que Richard Loncraine dirigió con un papel protagónico de Ian McKellen, extrapolando la acción a un tiempo vaporoso que tal vez se acerque a los años treinta, más allá de mantener nombres, personajes, intriga, tema y ámbito del relato de Shakespeare. Pero, de todos modos, esos cambios perseveraban en un relato sobre el poder macroscópico, dando a entender las regularidades que se mantenían a través del tiempo.

De allí que aparezca como más perspicaz el filme *Hamlet en el negocio*, donde el finlandés Aki Kaurismaki respeta casi todos los elementos de la obra de Shakespeare, desde los nombres de los personajes hasta los puntos de giro –el veneno, el fantasma del padre–, pero los sitúa en una Finlandia actual donde se dirimen ya no el ocupante del trono y el poder genérico, sino los porcentajes de una empresa y las confabulaciones que pugnan por apropiarse de ella. La elección de Kaurismaki consiste en hacer un filme netamente inscripto en la modernidad cinematográfica a partir de un texto canónico. Bastaría con hablar del efecto de distanciamiento –de visible cuño godardiano– que produce su incorporación de carteles que puntúan el desarrollo, o referirnos al uso de la música *rock* puesta en tiempo real, como evidencias de una apropiación donde la traslación de época no es el elemento central.

El de los textos reinventados, por lo que vemos, es el territorio donde el concepto de la transposición consiste en trazar la mayor distancia posible del origen, en diferenciar un medio del otro, pero que no funda esas diferencias sólo en ajustes de trama o personajes sino en el estilo, en los modos elegidos para poner en escena ese relato. La apropiación que implica la relectura no piensa el texto como un escollo a salvar, no experimenta deudas de filiación con el origen; más bien, toma el texto como un trampolín que permitirá al filme saltar a otro espacio, propio e intransferible, que es el del lenguaje cinematográfico. Marguerite Duras –que estuvo en ambos campos– hacía una distinción que no está lejos de ésta, cuando afirmaba que

> [...] hacer cine cuando uno ya ha escrito libros, es cambiar de lugar en relación con lo que va a emprender. Cuando voy a hacer un libro, estoy delante de él. Si voy a hacer una película, me encuentro detrás. ¿Por qué? ¿Por qué se experimenta la necesidad de cambiar de sitio, de abandonar el que teníamos? Porque hacer una película es pasar a un acto de destrucción del creador del libro, justamente del escritor. Es anularlo.[34]

El que encaja con justeza en la apreciación de Duras es el caso de *Crónicas de motel*, el volumen de textos y poemas breves de Sam Shepard, y su vinculación con *París, Texas*, el filme de Wim Wenders. De todos los relatos y suerte de *American haikus* que componen esa obra maravillosa de Shepard, no hay uno, ni una cruza de varios que puedan pensarse como las fuentes o los orígenes específicos del filme. Lo atractivo, en realidad, no está en el hecho de que el libro de Shepard haya oficiado –por decirlo de algún modo– de disparador de la corriente principal de la historia del filme, sino en que éste se parece tanto a otros libros de Shepard como a otros filmes de Wenders; es permeable tanto a libros como *Luna Halcón* como al filme *Alicia en las ciudades*. Es decir que no ocurre como en otros casos en que el cineasta se ha apropiado de un relato literario ajeno, fusionándolo con sus propias (otras) experiencias. El filme se ha convertido en una grieta, en una *otra zona* nueva, en un espacio agregado que conecta dos universos disímiles, cuya cercanía fue inventada por, para y a partir del filme. Es precisamente esta idea de que el filme termina perteneciendo a ambos universos la que motiva que incluyamos este caso en el de la intersección de mundos, ya que no hay un texto que sea la fuente detectable, como ocurre en la modalidad de la reinvención del texto.

Esa vecindad conceptual entre Shepard y Wenders no existía antes. Tal vez la América profunda y desolada de Shepard enlace con la tradición que se remonta tanto a J. D. Salinger como al *western*, tanto a John Cassavetes como a John Cheever, y quizás a Edward Hopper, cuya visión del mundo podría ser uno de los puentes que comunican a Shepard con Wenders, con esa sensación de extrañamiento, interioridad y distancia entre el artista y los personajes. En Wenders, induda-

---

34. Duras, Marguerite: "Book and Film", en Duras, 1993, pág. 87.

blemente, se trata de otra desolación, la de la tradición perdida y jamás reencontrada, del paisaje perdido de los sueños, del Monument Valley sin John Ford, devenido pura escenografía, cáscara muda e inmóvil de una filiación imposible.

Respecto del proceso de trabajo específico, Wenders había leído *Crónicas de motel* y quería convertirlo en película, por lo cual armó un *storyline* con retazos de las historias y esbozos del libro. Pero cuando le mostró el material a Shepard, el escritor vio la idea como algo "demasiado literario", opinión que, al revés de lo que suele suceder, Wenders aceptó. De allí que la escritura –dieciocho meses de trabajo diario en San Francisco y Santa Fe– terminara por apartarse de modo radical del texto, quedando como resultado algo apenas inspirado en *Crónicas de motel*, pero cuya historia había tomado por completo otra dirección, según refirió el mismo Shepard.

Es interesante –y un ejercicio de tenaz especulación– rastrear las huellas de *Crónicas de motel* en *París, Texas* invirtiendo el procedimiento, comenzando por el filme, pero no ya como fuente o raíz o estructura, sino como disparador de otro material por completo diferente. En una de las historias que Shepard incluye entre las páginas iniciales del libro se cuenta una típica trama de iniciación preadolescente, periplo que se cerraba en Sierra Madre y que aludía al difícil regreso a la casa para finalmente acotar que a poco de volver "Papá se fue de casa. No dijo una sola palabra".[35] Así como otro relato sobre un padre que colecciona viejos discos y que culmina con un "Mi papá vive solo en el desierto. Dice que no se lleva bien con la gente",[36] o bien un tercero, que refiere una extensa caminata por el desierto de Mojave y culmina con la visión que uno de los andantes tiene de una mujer hermosa. Todos ellos parecen disparar al Travis que aparece deambulando en el desierto al comenzar *París, Texas*; sin embargo, tampoco están en la película. Tampoco están ese bello texto del narrador de diecinueve años enamorado de una fugaz quinceañera en un tren, a la que decide denominar Tuesday, y que pudo ser el germen de la historia de amor de Travis y Jane –aunque también pudo ser un borrador de algún cuento de Salinger–, ni tampoco el poema sobre el insomnio originado por la mujer amada y perdida, que podría ser un antecedente de la construcción del personaje del filme. Por último, está ausente la trama de esa familia que se va de su casa y, al volver, la mujer ya no

---

35. Shepard, Sam: *Crónicas de motel*, Barcelona, Anagrama, 1989, pág. 43.
36. Ídem, pág. 56.

está, a partir de lo cual se describe el proceso médico y la recuperación de la mujer, que es seguido por una familia entre confiada y desesperada.

No parece un despropósito intuir cuáles fueron los móviles que sedujeron a Wenders de los textos de Shepard, como para hacer un relato por enteramente distinto y al mismo tiempo ligado: la idea de poder construir una historia que ocurra *entre* ciudades, o acercarse a aquello que ocurre *entre* los lugares de una ficción hipotética, es decir, la intensidad.

A modo de ejemplificación de este tema de la intersección de universos, se toman aquí tres casos de filmes europeos que optan por el melodrama para poner de relieve las notorias transformaciones respecto de sus formatos literarios originales: *Ladrón de bicicletas*, que dirigió Vittorio De Sica en base al texto de Luigi Bartolini; *Lola Montes*, escrita por Cécil Saint-Laurent y llevada al cine por Max Ophuls, y *Carne trémula*, que realizó Pedro Almodóvar tomando la novela homónima de Ruth Rendell.

Ladrón de bicicletas: del ensayo sociológico
al melodrama testimonial

Luigi Bartolini no parece haber pensado en una novela al escribir *El ladrón de bicicletas*. Sus afanes más bien parecen estar en el trabajo de campo o en la investigación lindante con la sociología de la vida cotidiana. Al menos es lo que se desprende de la lectura del texto, al advertir lo preocupado que está por dar cuenta de toda la circulación y expansión del robo en las distintos barrios de Roma. La escritura en primera persona, lejos de instalarnos en los padecimientos del protagonista –de quien conocemos todo menos su nombre–, nos sitúa en la vocación por observar y describir el espíritu que exhala la ciudad, los hábitos, los modos dialectales, los lugares y sus características, todo lo que ve y siente en un momento histórico específico, inmediatamente después de la caída del fascismo.

Sin mayores cuidados por evitar que se señale una excesiva empatía entre personaje y autor, Bartolini expone en vez de narrar, en tanto la dimensión conflictiva está elidida y nunca emerge a la superficie, aunque algo veladamente podamos deducir que lo que cuenta es la historia de un intelectual soltero –escritor, pintor, periodista–, resentido con su amada que lo abandonó, con su hija porque crece y deviene mujer, y con la sociedad que lo ignora, a quien le robaron una de sus dos bicicletas y va atravesando la totalidad del espacio urbano en su intento por recuperarla.

Con una inocultable pretensión de *verismo* –como si estuviera ajustando cuentas con otros escritores de su generación–, detalla lo que ve como si fuera una cámara cinematográfica obligada a documentar, más que a narrar. De ahí que más que un narrador de ficciones, el personaje parezca, por momentos, un panóptico que ausculta relaciones y lugares con el único objeto de enseñar lo mucho que puede transmitir. Como si su aspiración estuviera cifrada en demostrar que puede explicarlo todo: lo que ocurrió antes, durante y después de la guerra, la economía y el amor, el rol que tienen y debieran tener las instituciones, las tensiones entre jóvenes y adultos, el compromiso político como bandera o como resultado de fracasos colectivos. La suya es más la moral del ciudadano que la del escritor.

Esa moral declamada le hace decir, por ejemplo, que "en Roma no se hace dinero con el talento, sino con el engaño y la estafa",[37] y ese progresismo sentencioso lo hace vituperar al fascismo pero también casi añorar su orden, como cuando describe Roma como un lupanar, y se permite apuntes misóginos del estilo de "las mujeres nunca se dan por amor a los jovenzuelos inexpertos, sino que se dan, con astucia y por dinero, a los que desempeñan los altos cargos".[38]

Pero no fueron el didactismo ni la tenaz mirada reprobatoria los que empujaron al director Vittorio De Sica y su guionista Cesare Zavattini a decidirse por la transposición del relato de Bartolini, porque para ellos no significaba ninguna novedad exponer la circulación y el perfeccionamiento del robo en Roma, de lo cual ya habían hablado –si bien en otra clave– en la anterior *Lustrabotas*, y de la que tal vez estuviera más cerca el Roberto Rossellini de *Alemania, año cero*. Era evidente que no podían sentirse afines con un personaje que lo estigmatizaba todo, incapacitado para comprender las razones de los otros, desprovisto de la inscripción social que el binomio buscaba como un faro orientador. Por lo tanto, ¿qué los seducía del libro de Bartolini? Indudablemente, el tránsito por la ciudad sostenido por un móvil que era mínimo pero les permitía apropiarse del material.

Para De Sica y Zavattini esta apropiación sólo era viable si podían sellar la inscripción de los personajes, la manera en que se entrelazan con el contexto y las motivaciones que los mueven a actuar, por lo que el filme iba a tomar esa delgada franja del trayecto por Roma y el robo

---

37. Bartolini, Luigi: *El ladrón de bicicletas*, Barcelona, Grupo Plaza, 1958, pág. 49.
38. Ídem, pág. 105.

de la bicicleta para construir alrededor un mundo diametralmente opuesto, con parámetros muy distantes de los de Bartolini, demasiado ocupado en especificar si el narrador iba por el Palacio de la Cancillería, por el barrio de los Prados, por la plazoleta del Monte Giordano, o por la Lungara.

El número y la clase de transformaciones fueron tan rotundos que merecen una enumeración: el narrador dejó de ser anónimo para llamarse Guido Ricci (Lamberto Maggiorani); dejó de estar solo para tener una esposa y un hijo, Bruno (Enzo Staiola), quien tendrá un papel decisivo; dejó de ser un intelectual romano y burgués obstinado en el retorno de una bicicleta de uso suntuario para convertirse en un pobre desocupado de la periferia que obtiene un trabajo gracias a la bicicleta y que puede perderlo cuando se la roban; dejó de ser un eximio conocedor crítico de los modos de vida de la ciudad para devenir en atónito desesperado que cruza una ciudad ajena y hostil; dejó la evaluación de lo ocurrido en veinte años de historia italiana para erigirse en síntesis del más puro y absoluto presente. Pasaje de la escritura como historia a la cámara como testigo.

Esta apretada puntualización de diferencias no busca jugar el juego del detective, sino enunciar transformaciones de grado que definen proyectos opuestos. Que De Sica y Zavattini decidan comenzar su película con la escena de los desocupados que se agolpan, esperan y hasta forcejean ante las instituciones por un puesto de trabajo, no es –como pudiera creerse con ligereza– una modificación en el orden narrativo de la novela, ni el agregado de una situación que en el texto no existía. Ese cambio está en consonancia con el tipo de inscripción que los llevó a hacer la película.

¿Qué implica el cambio de inscripción? Que Ricci no sea un intelectual romano sino un inmigrante aterrizado en la periferia –como explica Pierre Sorlin–[39] con visibles dificultades para comunicarse en la ciudad, no es un detalle lexical, sino la representación de un mundo que Bartolini espiaba como un extranjero. Que la errancia del protagonista sea primero en soledad y luego con su hijo, y que esté fundada en una necesidad vital impostergable y no en la tozudez burguesa de quien cree que toda propiedad es inalienable, es fruto de una voluntad inversa, tan inversa como añadir esa bellísima escena de la infinidad de bicicletas que avanzan sobre el centro de la ciudad al amanecer. Son el resultado de una operación transformadora decisiva.

---

39. Sorlin, Pierre: *Cines europeos, sociedades europeas 1939-1990*, Barcelona, Paidós, 1996.

La operación que realiza el filme no tiene que ver con un ejercicio de redistribución de los materiales literarios, sino con un punto de vista que no se posiciona estrictamente *desde* la lógica de un personaje, sino más bien *entre* los personajes. Y hay un ejemplo que quizás pueda distinguir mejor esta diferencia. En la novela, cuando el narrador por fin halla al ladrón en la calle del Panico, Bartolini lo plantea como una discusión con quienes apañaban ladrones o que también lo eran, tildándolos de desclasados, acusándolos de haber adherido al Duce. En el filme, cuando Guido llega por fin al ladrón, su convicción de que la bicicleta le pertenece y deben entregársela es puesta en tensión, al ver que los que resguardan al ladrón son de su misma clase y padecen problemas análogos a los suyos, con el agravante de las dificultades de la familia y las físicas del propio delincuente. No les hizo falta a De Sica y Zavattini incluir un diálogo como el de la novela, cuando el narrador los inquiere sobre si son o no trabajadores, porque el punto de vista del filme lo da por sentado, o en todo caso ellos tienen sus propias razones sin necesidad de que los interroguen policíacamente.

Lola Montes: del diario privado al melodrama circense

Es altamente improbable que cuando Cecil Saint-Laurent escribió *Lola Montes* haya imaginado lo que el destino tenía preparado para su novela. Esa improbabilidad no es un juicio sobre un texto que narra con una elegancia irónica inusual los avatares europeos del siglo XIX a través de las andanzas de la condesa de Landsfeld, que también se hacía llamar Lola Montes. Esa improbabilidad se justifica en la clase de obra cinematográfica que realizó con ella Max Ophuls.

Para Saint-Laurent la novela era el producto de dos modalidades discursivas cuyo plan subterráneo preveía que se reunieran en el epílogo. Una de esas modalidades consistía en un relato en tercera persona que, distanciada, cronológicamente iba desarrollando la historia de una vida tempestuosa; la otra, era la detallada, altiva e insidiosa crónica de un proceso de escritura personal, narrada en forma de diario privado, que sólo a veces trazaba puentes con el otro registro.

Esa formulación escindida, sin embargo, no hundía el texto en la indecisión sino que era su arma secreta, su verdadera afirmación literaria. Porque la lógica hubiera pretendido que el extremismo romántico fuese inevitable, tratándose de la historia de una mujer que hizo de su belleza un sinónimo del desplante metódico, de los oropeles mo-

Peter Ustinov y Martine Carol en *Lola Montes*, de Max Ophuls.

nárquicos un sueño permanente, y de la decadencia un desafío consecuente. Pero ésa no era la novela que Saint-Laurent imaginaba, porque lo hubiera privado de la aventura obcecada, del espionaje de alcobas y del tono levemente ufano, delirante y hasta procaz, que eran argumentos dilectos de su narrativa.

Que Max Ophuls haya fijado su atención en el libro de Saint-Laurent no es un hecho insólito sino una prueba de que los artistas afines terminan por encontrarse. El propio itinerario errático de Ophuls parecía ideado como una simetría con el de *Lola Montes*, pero no era en esa correspondencia algo misteriosa donde el director se encontraba con la novela, sino en la idea de un universo donde el amor se contamina del tiempo en que le toca nacer pero también de la voluntad equívoca de quienes lo experimentan.

Es evidente que esos dos modos discursivos, que en el libro podían leerse como disociación, fueron la zona que decidió tensar Ophuls, si tenemos en cuenta no sólo su frecuentación tenaz del melodrama sino que había revelado su condición de maestro de las transiciones temporales y espaciales en *Carta de una enamorada* y *La ronda*, y con una destreza única para trabajar el punto de vista con juegos cambiantes de narrador, como en *El placer*.

Con guión del mismo Ophuls y adaptación de Annette Wademant y de Ophuls –así aparece en los títulos–, su versión de *Lola Montes* no iba en camino de inscribir su nombre en el melodrama romántico. Es aquí donde el caso asoma su carácter de relectura, en la idea de que se podía hacer con esta novela un melodrama circense.

Ya en sus mejores obras, Ophuls había mostrado su predilección por narrar representaciones sobre la representación, pero en *Lola Montes* hizo de este recurso un rasgo protagónico. En la novela, Saint-Laurent incluía sólo en el desenlace, y durante apenas diez páginas, todo el cierre en el circo Barnum, pero el cineasta tomó esa situación y la expandió hasta inundar con ella su película, al punto de hacer descansar el concepto mismo del filme sobre esa representación de circo. Las preguntas a Lola (Martine Carol) dejaron su lugar de interrogatorio doméstico para devenir juicio farsesco, las murmuraciones sobre su infatigable nómina de amantes dejaron de ser datos esquivos del contexto que rodea al personaje para eslabonarse con el redoble de tambores y potenciar el número que esa mujer ofrecerá a sus espectadores sedientos de sangre literaria barata: el número que irá narrando su vida.

Ophuls diseña una representación circense donde, a la manera de lo que ocurría en *La ronda*, el presentador (Peter Ustinov) cumple su rol de introductor de situaciones y director de entradas y salidas, pero donde también participa activamente de los "cuadros" que organizan el filme, es decir, de la historia de Lola. Como una suerte de cruza entre un narrador omnisciente invisible y otro visible, capaz de ingresar o salir del relato, este presentador es el hiato que teje la unión entre las dos modalidades discursivas que el texto alternaba. Para el director, esa duplicidad de registros del libro es pasado, porque ahora ha logrado un eje articulador que puede entrar y salir del presente, que puede entrar y salir de los distintos pasados que se suceden, se enciman, se confunden y se separan con la velocidad de una carrera de postas.

Aunque por momentos la voz *off* de la protagonista se superpone del presente al pasado, o retorna de él, relevando la del presentador-narrador, esa herencia del diario es módica y más funcional que estructural. Porque ya no es Lola quien domina y decide sobre las escenas, sino el presentador que la va introduciendo en las historias que ella misma vivió, como un reverso del personaje de *Instrucciones para John Howell*, el cuento de Julio Cortázar.

Pero ese cambio de punto de vista respecto del original de Saint-Laurent no es sólo una decisión que propicia una mayor concentración dramática; es también el resultado de una rigurosa concentración temporal y espacial. Los hallazgos de Ophuls se multiplican cuando llega el momento de los "doce cuadros vivientes" que condensan la pesadillesca historia de Lola. Porque esa opción le permite terminar de resolver ya no los pases de tiempo o espacio, sino también los cambios de registro, yendo y viniendo del registro íntimo al registro espectacular del circo.

Precisamente ese espacio es otra de las evidencias de la relectura. Es capaz de integrarlo todo en un único sitio pero además puede comprender todas las temporalidades, todos los personajes, todos los acontecimientos. Y el instrumento del plano secuencia, que siempre singularizó a Ophuls, adquiere aquí una pertinencia difícil de igualar porque ha hecho con él un filme sostenido en la simultaneidad, al revés de la novela, que desarrollaba todo por sucesión.

Es una especulación tan riesgosa como interesante pensar que *Lola Montes* se filmó poco después de *Senso,* en la que Luchino Visconti transpuso el cuento de Camillo Boito. Ambos filmes tenían como responsables a dos amantes consecuentes del melodrama, ambos debían resolver el problema del diario privado de sus protagonistas y el potencial interrogante de la voz *off,* ambos tenían heroínas románticas –la condesa de Landsfeld y la condesa Serpieri– cuyos padecimientos no estaban desligados de la ebullición europea del siglo XIX. Pero se trata de dos casos cuyas afinidades terminan allí, en los supuestos iniciales, porque sería arduo imaginar a Visconti realizando un melodrama circense, tanto como imaginar a Ophuls realizando un melodrama operístico con una voz narrativa única que se mantiene durante todo el filme. Por tratarse de su última película, es dable suponer que Ophuls prefirió regalarse su propia versión de *El ciudadano.*

Carne trémula: del policial al melodrama

Caídos los paradigmas de la *detective fiction* en sus ramas deductiva y negra, así como los imaginarios de época que los prohijaron –caídos la inverosímil omnisapiencia de Poirot y el corazón incorruptible de Marlowe–, las opciones del relato policial toman otra dirección. Es cierto que hay quienes –P. D. James, Sue Grafton, por ejemplo– parecen probar con variantes el sabor de la tradición del enigma, pero no deja de ser una suerte de *lifting* estilístico. Otros eligen armar un puente con la tradición del policial negro, irradiándose sobre otros géneros, como la cruza con el fantástico de William Hjortsberg en *Corazón satánico*, y hasta hay quienes guiñan un ojo a la contemporaneidad, como el clasicismo tenuemente nostálgico de James Ellroy o el extremismo oscuro y a menudo paródico de Elmore Leonard. De todos modos, estas líneas no parecen definir nuevos caminos para el policial sino venerar su herencia por otros medios.

De ahí que los exponentes fecundos del policial parezcan ajenos a lo que se suele entender por policial, porque se los ha privado de la vocación y del oficio del detective, así como de las nociones de delito y corrupción como estrategias de género. Lo que prevalece en los rumbos más originales de estas décadas es una síntesis entre la trama de costumbres y la trama de protagonistas enfermizamente obsesivos. Los personajes obsesivos cuya mente o acciones arman el relato son pensados desde un ámbito cotidiano, donde naufragan sus vidas y sueños demasiado comunes. Estas marcas apuntan a Patricia Highsmith e, irregularmente, a Ruth Rendell. Pero no es tan fácil, ni quizás tan certero, situar a Rendell entre quienes plantean nuevas claves del género.

El problema con Rendell –o con su heterónimo Barbara Vine– es que su nexo con el policial es tan diverso como su frondosa producción. Quizás por esa productividad que suele sancionarse como afán mercantil, o por un indeciso vínculo con su tradición, es que no hay una, sino dos Rendell.

Una de esas dos escritoras es la husmeadora de huellas del policial inglés –como con su policía-inspector Wexford de *El juego de los astutos*, o de las estupendas *Morir de pie* o *Un beso para mi asesino*–, pero opacando el peso de pistas e iluminaciones. Respecto del legado inglés, su Wexford es culto y perfeccionista en vez de erudito y flemático, ubicándose entre Holmes, el Maigret de Simenon y hasta los expertos de Hitchcock. Y sobre esa superficie de intriga con casas solariegas y familias educadas, Rendell asesta regueros de sangre, matanzas seriadas y feroces, o herencias con cadáveres.

La otra Rendell suele recorrer –como Highsmith– un camino menos seguro y más fructífero, confinando a un segundo plano a policías, crímenes perfectos y lectores de sorpresa final. Así, dejando la otras veces cultivada tradición natal y alejándose, también, de escrituras que parecen contener la *summa* actual del género, en sus mejores relatos Rendell logra diferenciarse.

De este modo, en *Un demonio para mí*, *Un árbol de manos*, *La mujer de piedra* o *Carne trémula* crea mundos ideales para sus agónicos pobres de espíritu: itinerarios insistentes, empecinadas simetrías, apenas cien líneas dialogadas en total y una cercana fatalidad. Pero el gran talento de Rendell está en perfilar el universo íntimo del héroe, el foco con que se identifica el lector. Esos personajes sufren un exceso pronto inmanejable que los hace desear destruir el mundo y luego autoinmolarse, como en *La mujer de piedra* y *Carne trémula*.

Puede conjeturarse que son esos personajes quienes logran que sus tramas sean ficciones del cine. Es más: esas dos autoras que coexisten se verifican en lo ocurrido con las transposiciones. Por un lado, unas diez de las historias con su inspector derivaron en anónimos telefilmes. Por otro, la "otra" Rendell vio que sus seres afanosos de fatalidad cruzaron de la literatura al cine, como en *Un árbol de manos*, de Giles Foster, o en las ya citadas versiones de *La mujer de piedra*, tanto la literal y banal *Una enemiga en la casa*, de Rawi, como la personal y cerebral *La ceremonia*, de Chabrol, y, por último, en *Carne trémula*, que más que transposición fue una reinvención de Pedro Almodóvar.

En la novela, el espesor literario oscila entre la sequedad y el cinismo. La trama gira siempre sobre Víctor Jenner, sobre sus tránsitos, su sed vengadora y obsesiva por un policía. Cuando le dispara, en una noche brumosa, Víctor deja inválido al policía, hecho por el cual paga con diez años de cárcel. Pero aunque está junto a él, Rendell igual opina sobre lo que hace o piensa y se burla mínima, británicamente, de él.

Rendell edifica su relato con tópicos del policial clásico –casonas aisladas, ambiciones de herencia y crímenes– pero los reduce a meros pretextos para que nunca se desenfoque lo que hace su personaje. Su atención está en el seguimiento de Víctor, en mostrar su presente mediante una nómina acotada de acciones y lugares recurrentes: calle-habitación-calle-tren-habitación-casa de Muriel-calle-casa de David-tienda de antigüedades, y así sucesivamente, como si en vez de una novela redactara la escaleta de un guión que aún no se transformó en tratamiento y por eso le faltaran los diálogos.

Esa repetición casi monótona de acciones y lugares hace que el devenir parezca un catálogo de situaciones sin más valor unas que otras. Pero cuando parece instalada, esa primera percepción se desvanece, surgen fracturas en la simulada planicie emocional al brotar elementos que desmienten dicha lógica atonal. La "estructura metrónomo" se disuelve cuando las repeticiones se prolongan en objetos elevados al rango de metáforas, como la falsa pistola, la silla de ruedas o las llaves. Esos objetos persistentes incrustan la narración en el cerebro de Víctor, como se ve en el hecho de que siempre describa a Clare por su ropa, aunque el relato no esté escrito en primera persona.

Recurrencia de lugares, acciones y objetos que contactan con el pensamiento circular de Víctor. Todo se duplica simétricamente: dos veces casi mata, dos veces busca seducir a Clare. Pero ese circuito cerrado que es la propia novela en tanto descripción de los escasos pensamientos de Víctor, se resquebraja. El supuesto aprendizaje de Víctor –su dócil adopción de las buenas maneras sociales– es interferido por la obsesión, y Rendell lo narra de modo notable. Una frase presuntamente para sí, o el hecho de que "crea ver" a Clare en cada mujer, o el afán por mimetizarse con David, son las opciones para lograr ese tránsito que va de la normalidad al desenfreno amoroso.

La normalidad del presunto aprendizaje social de Víctor se revela pura simulación, como el aprendizaje de Eunice en *La mujer de piedra*, trabajado hitchcockianamente por Chabrol en *La ceremonia*. Ahí está mayormente la astucia de Rendell al perfilar sus criaturas trágicas, dotarlos del vicio de fingir ser algo que no son para lograr beneficios propios, la idea de que son conscientes de tener menos que los otros, y por eso deben "prepararse", como en un entrenamiento que es menos físico que un mero afán de supervivencia.

Al desactivar esa monotonía opaca de Víctor con muestras de su progresivo descontrol –con el peso de los sueños obsesionantes de las tortugas–, Rendell espanta a los cerebrales buscadores de razones psicológicas, a quienes había engañado en la primera parte, cuando parecía querer construir la génesis, el motivo y el estallido de la vocación destructora del protagonista.

No es que el pasado esté ausente en Víctor; por el contrario, es esa zona la que simula clausurar, como si supiera cabalmente los efectos de dar vía libre a ese "otro lado". El pasado incide: sus padres ausentes, un amor materno que lo sumió pronto en la desazón, el amor juvenil fracasado. Pero Rendell se ocupa de que no leamos *allí* el germen de las tragedias que Víctor desencadena hoy.

La sorpresa de que Almodóvar hiciera una transposición de esta novela se funda en dos razones: la primera, que el director siempre había filmado guiones originales; la segunda, que en su obra el policial siempre era más gesto que deseo, más contraseña que vocación, en *Matador* o *Átame*, o en el mero juego de espejos deformados, como hacía con ese baúl criminal de *Kika*.

El melodrama, en cambio, siempre fue la fijación de un objeto buscado, un mundo que primero parecía interferir con timidez la dominante paródica (*Pepi, Luci, Bom y otras chicas del montón*), para ir teniendo un peso cada vez más persistente. Afán por el melodrama que crecía, incluso, pese a la variedad de registros, ya en clave trágica (*Matador*), grotesca (*Mujeres al borde de un ataque de nervios*), costumbrista (*Entre tinieblas*), psicoanalítica (*Le ley del deseo*), o hasta política (*La flor de mi secreto*).

De ahí que el acercamiento de Almodóvar a esta novela suponía un enigma a develar: si prevalecía el sello que Rendell imprime a un relato policial tan singular, o si el director haría una disección eliminando todo rastro de policial, torciendo el material hacia el melodrama. Pero los resultados del trabajo de Almodóvar sobre la novela pulverizaron toda suposición, al convertir su filme en un objeto cinematográfico tan afirmativamente independiente que el material de Rendell se redujo a prácticamente nada más que hilachas argumentales.

Es notorio que Almodóvar vio allí un potencial de melodrama que la racionalidad de Rendell jamás iba a permitirse. Pero la versión fílmica no es que extrae ese potencial, sino que lo crispa hasta la invención. No es sólo que la acción transcurre en Madrid en vez de en el refinado Epping, o que la música sea protagonista, o sean otras las épocas de los hechos. Esas decisiones eran imaginables. La clave está en la clase de opciones radicales tomadas por Almodóvar.

Todo lo que en el origen era sustracción, en el filme es multiplicación y exuberancia. Si los procedimientos de Rendell buscaban disecar trama, acciones, lugares y pensamientos, todo lo acotado se ha expandido. El director no dramatiza sustrayendo, sino por una multiplicación originada en el cine, al revés de otras de sus obras, donde el cine cerraba el sentido, como en *Matador* o en *La flor...* Es el cine –esta vez el Buñuel de *Ensayo de un crimen*, otra notoria transposición– quien genera la confusión y el origen trágico de la trama, quien fija sus imágenes en Víctor, en especial en las piernas, obsesión simétrica a la limitación del lisiado David, según explica Almodóvar en el guión que publicó sobre el filme. Lo curioso es que no incluyera los sueños que lo torturaban en la novela, siguiendo como siguió a Buñuel, si bien lo onírico nunca tuvo mayor interés para él. Lo que Víctor ve en el filme de Buñuel en el televisor, es el móvil a saciar, porque aquí no se trata de resolver una difícil inserción en el mundo (como en la novela), ya que puede integrarse a esa normalidad siempre que pueda saldar esa deuda pendiente con el cine. Ese aprendizaje cinéfilo a reproducir continúa lo que buscó exhumar Almodóvar con el cine franquista en *Entre tinieblas*, con Vidor en *Matador* o con Cukor en *La flor de mi secreto*.

Si la novela era Víctor, la película lo mantiene pero sólo como el centro alrededor del cual giran los otros personajes e historias como satélites. Y si bien para Rendell no había más que la voluntad fatal de Víctor Plaza (Liberto Rabal), para Almodóvar la desazón de David (Javier Bardem), la pasión frágil de Clara (Ángela Molina), la brutalidad de Sancho (Pepe Sancho) y la necesidad de Elena (Francesca Neri) tienen un espesor enorme. Es casi al revés que en la novela, como si Víctor existiera sólo para dar cuenta de esas otras desesperaciones que él propicia. Si en el origen había un foco inequívoco de la historia, en la película el punto de vista se fragmenta y alimenta de múltiples percepciones, cada una de las cuales tiene una parte del todo, y justifica su voluntad. Y la multiplicación se anuda a otra zona crucial de la transposición: la actividad. Para Rendell eran acciones regulares, casi inmóviles, en cambio, Almodóvar pone en el corazón de su filme el movimiento –el deporte en David, el deporte sexual en Víctor y Clara–, y si la trama acumula personajes, es su actividad lo que define la transformación.

Por otra parte, el filme puede pensarse como continuidad de lo femenino en la obra del director, que desvía el eje de mirada masculina que imponía el texto hacia una multitud de mujeres –Clara ya no es la mujer de David, sino de Sancho–, aunque el deseo motor siga siendo el de Víctor. Pero Rendell dejaba traslucir un sesgo homosexual en la obsesión de Víctor por David que el lector debía completar y que el cineasta invierte, ya que ese afán pasa a David, siendo éste quien busca, mira fútbol, saca fotos y hasta hostiga al excarcelado.

En otro sentido, la puesta en escena no escatima sus referentes, como la trama respecto de Buñuel, como si mirara a Rendell con ojos de Minnelli, con una exuberancia que sus filmes no tenían. La manipulación del color, el modo de plantear coreográficamente las escenas –el comienzo, el epílogo– y la estilización para trabajar los decorados naturales, se acercan a los de melodramas de Minnelli como *Cautivos del mal* –otra vez: el cine en el cine–, cuando no a sus musicales, como *Brindis al amor* o *La rueda de la fortuna*.

El trabajo sobre opuestos ha sido clave en el cine de Almodóvar, y aquí se ve una nueva confirmación, con la sexualidad asociada a la política –Víctor hace un aprendizaje sexual que es el de la democracia–, y esto se prolonga en un concepto de puesta en escena que hace pie en el artificio más literal. Así como al clasicismo de Rendell un Chabrol sólo podía responderle con fidelidad al clasicismo, un autor como Almodóvar sólo podía responderle con la pura modernidad de una reinvención del texto.

f) La transposición encubierta: las versiones no declaradas

No es una zona trabajada de la transposición, ni siquiera es tenida en cuenta, a pesar de que muchos cineastas de gran estirpe recurren a ciertos textos investigando los flancos que permitan actualizarlos, invertirlos o incluso proseguirlos. Es más, muchas veces puede decirse que hay cineastas que hicieron transposiciones sin hacerlas, como podría afirmarse de Godard con Joyce, o de Fassbinder con Mary McCarthy, o de Spielberg con Bradbury. Pero, ¿es posible argumentar semejante temeridad?

Lo que intento decir es que quizás se adoptaron zonas, hebras narrativas, efectos de estilo o frases que se convirtieron en los postulados rectores de un diseño o concepto cinematográfico, sin que ello implique que hayan seguido la trama completa del relato literario de origen. Quizás esos textos dispararon un sentido y quedaron planeando sobre el filme, como un zumbido leve que puede oírse aguzando el oído.

Alguien puede suponer, sin embargo –y está en todo su derecho–, que estos entrecruzamientos están más cerca de ser influencias que transposiciones fragmentarias, parciales u ocultas, pero la frontera entre influencias y transposiciones fragmentarias es ciertamente resbaladiza y movediza. Claro que la opción especulativa tiene sus límites y alcances, porque rizar el rizo puede derivar hacia el delirio interpretativo y llegar a convencerse de que *Haz lo correcto*, de Spike Lee, es una transposción encubierta de *La cabaña del tío Tom*, de Harriet Beecher Stowe.

El punto en cuestión es que el poder discriminar entre especulación o deducción no arroja mayor luz, siempre que el efecto de la reflexión sea productivo y tenga una cierta lógica en cuanto al concepto de la obra literaria y el concepto del filme, o siempre que el nivel de los procedimientos habilite ciertas interpolaciones entre los formatos. Entonces, especulando o deduciendo las huellas de esos textos literarios no explicitados, se podría conjeturar que de *El espejo y la máscara*, de Jorge Luis Borges, se desprendieron algunas zonas cruciales del pretexto narrativo que anima a *Las tres coronas del marinero*, de Raúl Ruiz, o que ciertos textos de Francis Scott Fitzgerald en *El Crack-Up* aparecen transfigurados o son motores de ciertos filmes de John Cassavetes, o que los rasgos identificatorios del personaje de *Ferdydurke*, de Witold Gombrowicz, se han extendido a la pareja protagónica de *Week-End*, de Jean-Luc Godard. Y así sucesivamente.

Hay ciertos casos donde la legibilidad del material inspirador es tan visible que casi podría decirse que no debieran inscribirse en esta modalidad de la transposición encubierta, como ocurre con el filme *Cuerpos ardientes*, de Lawrence Kasdan, y la novela *El cartero llama dos veces*, de James M. Cain. Allí los reenvíos son tan sistemáticos que podría tratarse incluso de un ejemplo más de transposición adecuada, con una única especificación que lleva a incluir la película en este apartado: que la novela de Cain no es declarada en los títulos como referente, ni como inspiración libre.

Sería posible argumentar que, en este sentido, hay textos y filmes cuya semejanza de mundos, de historias, de personajes, o de variante genérica se parecen, y ese argumento no estaría lejos de la verdad. Pero ése no sería ya un problema que se desprende del acto de transposición. Lo que importa aquí es la clase de relación que establece el hecho de declarar o no una fuente o material inicial. Eso es lo que podría suponerse ante una película como *La delgada línea azul*, donde el director Errol Morris trabaja sobre un caso de asesinato de un policía en Dallas, donde dos testigos –Adams y Harris– se contradicen respecto de lo ocurrido la noche del crimen. Más allá de que Morris cruce el género documental con pasajes de reconstrucción ficcional abierta, la vecindad con la novela *A sangre fría*, de Truman Capote, aparece con una gran nitidez, ya se trate del modelo narrativo estructural, del tipo de trazado de los dos personajes, del móvil del asesinato, o del peso que los testigos o el lugar –en un caso, Texas; en el otro, Dallas– cobran respecto de la trama. Es cierto que hay historias o modos de narrarlas que se parecen, pero algunas se parecen demasiado más que otras.

Esto nos lleva a la idea de que es indudable que los textos traman un tejido que los entrelaza más que hacerlos competir por ver quién llega primero. Ese tejido es el que permite que los libros y las películas estén vivos, que los escritores y los cineastas puedan hacer dialogar a sus obras, hacerlas renacer, y así evitar que la cultura se convierta en un territorio de solipsistas.

Otras veces, los cineastas no han tomado el tono, o un personaje, o una idea básica a desarrollar, sino el andamiaje narrativo, como ocurrió con *Cuerpos perdidos*, donde el cineasta argentino radicado en Francia, Eduardo De Gregorio, hizo una versión ya no libre, sino vagamente inspirada –que no es igual a libérrima– de *The Sense of the Past*, la novela que Henry James dejó inconclusa y se publicó recién un año después de su muerte. Lo interesante de *Cuerpos perdidos*, por lo tanto, es que el filme de algún modo venía ya no a reproducir sino a continuar o hipotetizar sobre los espacios faltantes de la narración de James, como si creyera que el escritor dejó abierta una grieta por la que se podía, o debía, introducir una variación libre sobre esa historia. Es probable que tuviera razón Genette, con aquello de que "todas las lecturas, hasta las más indiscretas, son legítimas".[40]

---

40. Genette, Gérard: *Palimpestos*, ob. cit., pág. 467.

Esa sentencia de Genette habla del carácter de juego que es indisoluble de toda interacción. Pero en esta zona de la transposición encubierta, el juego adquiere otro estatuto, porque se trata de ver cómo el cineasta ha decidido ocultar, transfigurar o sólo dejar una sombra de ese pasado que es el texto literario. Un caso de cierta notoriedad, en este sentido, es el que presenta *De paseo a la muerte*, el filme que Joel Coen realizó extrayendo personajes, anécdotas parciales y nombres de al menos dos novelas de Dashiell Hammett, *Cosecha roja* y *La llave de cristal*, más allá de que es sabido el problema de los derechos para el cine de *Cosecha roja*, que varios –Bertolucci entre ellos– habían estado cerca de conseguir. Lo que es un ejercicio gozoso es dedicarse a rastrear lo que se mantuvo, cambió, sincretizó o enmascaró de esas novelas en el filme. De *La llave de cristal* parecieran haberse fugado a la película situaciones como la de la fila de hombres esperando, o personajes como el guardaespaldas y el *capo* político que organiza todo, o bien objetos de un peso dramático esencial como el sombrero; de *Cosecha roja* hubo otros pasajes, como, por ejemplo, la casi épica, interminable escena de la balacera. Pero el juego no radica, solamente, en los trasvasamientos de un formato a otro, sino también en el tono, en tanto Coen extrema hasta el límite mismo de la parodia el potencial absurdo que tiene todo policial negro, en general, y que podría ser un efecto de lectura de ciertos policiales de Hammett en particular.

Otro aspecto con frecuencia desatendido, y que contacta con la modalidad de la transposición encubierta, es el del trabajo sobre textos clásicos mediante una trama o un mundo que supuestamente lo desmienten, o que tienen otro carácter. Los críticos de esta propuesta bien podrían retornar sobre aquello de especulación o deducción, argumentando que, tratándose de ciertos textos considerados clásicos, su mayor o menor presencia es la que tienen en la cultura en general, y que en todo caso están incorporados de por sí a toda otra producción cultural –en este caso, cinematográfica– que orille temas, personajes o conflictos cercanos a aquéllos. Y probablemente estarían en lo cierto, salvo por el hecho de que distinguir entre especulación y deducción es una tarea de dudosa comprobación fáctica.

Pero más allá de esa distinción insoluble, se plantearía aquí otra cuestión: ¿cómo podría marcarse la línea que demarca la relectura o la reinvención del texto de la que habla de transposicón encubierta de clásicos? Dicho de otro modo: ¿por qué decimos que un filme como el *Ricardo III* que hizo Richard Loncraine era una relectura, mientras que *El Padrino III*, de Francis Ford Coppola, cabría en el modelo del *camouflage* de clásicos? Del *Ricardo III* de Loncraine ya habíamos explicitado la clase de lectura aplicada a la obra de Shakespeare, básicamente una lectura orientada hacia una actualización o un desplazamiento temporal, que sin embargo mantenía la estructura general, el tipo de situaciones y personajes y el concepto del poder como ruinosa obsesión. Las operaciones que desarrolla *El Padrino III*, en cambio, son más radicales en su relación con los tres textos de Shakespeare que entrecruza: *Tito Andrónico*, *Rey Lear* y *Julio César*. Veamos.

Si resumiéramos *Tito Andrónico*, veríamos que Tito vuelve a Roma y con ello se inicia una indetenible cadena de venganzas y violencia, debiendo padecer, además, la muerte de sus propios familiares causada por la lógica propia de las intrigas de poder. Por su parte, *El Padrino III* se abre con Michael Corleone (Al Pacino) ya en Roma, generando a su alrededor un reguero de muertes y conspiraciones por el control de la mafia, que obtiene por resultado su orfandad y la muerte de su hija Mary (Sofia Coppola), como fruto de esa espiral de sangre. Si la pieza a examinar fuera *Rey Lear*, tendríamos un rey próximo a morir cercado por las ambiciones de un trono que quedará vacante, y de cuyos vástagos su favorita es Cordelia, la hija menor y pura que trae la desgracia, y muere en el desenlace asesinada delante de un padre que llega tarde para salvarla y grita desesperado. También *El Padrino III* tiene su decisivo giro dramático final cuando, al salir de la ópera, Mary es alcanzada por un disparo en el centro del cuerpo, mientras su padre –de quien era su preferida– estalla en un llanto que más parece un bramido. Finalmente, si tomáramos *Julio César*, tenemos no sólo a un César débil y decadente, y a Bruto intentando contrarrestarlo, sino además la dificultad de aceptar que el mundo cambia, todo envuelto por la alianza entre delito y política. Por su parte, *El Padrino III* presenta a un Michael con una salud deteriorada por la acentuada diabetes y diciendo que *"la política y el crimen son lo mismo"*, y a un Vinnie (Andy García) que intenta hacerle ver lo que no puede ver.

Es notorio que las operaciones realizadas por Coppola –más allá de si es una especulación o una deducción– consistieron en cruzar los dos tipos de tragedia que Benedetto Croce rastreaba en Shakespeare: las tragedias históricas y las tragedias de la voluntad. También es evidente que no todas las escenas de *El Padrino III* pueden buscarse en los textos de Shakespeare, del mismo modo que no todas las de *De paseo a la muerte* estaban contenidas en las novelas de Hammett. Porque se trata de un criterio de transposición que transfigura los clásicos por considerarlos no objetos de veneración sino patrimonio de la humanidad, es decir, de la cultura.

Pero como estas ejemplificaciones pueden parecer reductivas, se añade aquí un caso sorprendente de transposición encubierta, que sigue puntualmente un texto clásico sin declararlo y termina erigiéndose casi en lección magistral. Se trata de *Los Guerreros*, donde el director Walter Hill convirtió en fábula rock el texto *Anábasis* –o *La expedición de los 10.000*–, escrito por Jenofonte cuatro siglos antes de Cristo. Allí se daba cuenta de disputas y enfrentamientos de toda clase sobrevenidos cuando el cetro del rey Darío quedó sin dueño, por lo que no parece una continuación improcedente de lo que narraba *El Padrino III*.

Jenofonte y Hill: un clásico como fábula rock

Participante activo del recordado episodio que sumió al Peloponeso en uno de sus capítulos más memorables, Jenofonte vio una crónica posible en el episodio de la extensa expedición de Ciro. Surcado por todas las resonancias míticas que se puedan imaginar, optó por narrar con precisión de historiador el periplo de Ciro hasta enfrentar a su hermano Artajerjes, en quien veía un usurpador del trono. Pero la *Anábasis* no es sólo la enumeración de los preparativos, iniquidades, sobornos monetarios, arengas y delaciones que lleva consigo una confrontación bélica de esta naturaleza. Porque si bien Jenofonte no ahorra ninguna de las aristas y razones que afirman el sentido de esta lucha, su mayor pasión se agita cuando tiene que reconstruir la procesión infatigable, es decir, el viaje.

Es en el curso del recorrido junto a Ciro y sus tropas, que Jenofonte deja en suspenso al historiador obsesivo para devenir cronista de viaje, aunque su viaje sea guerrero y no turístico. Una vez que Ciro envía las órdenes a las guarniciones de las distintas ciudades del Peloponeso, la marcha define la narración. Ese carácter de aventura mítica es el que permite leer a Menon y Clearco como los tradicionales ayudantes de un jefe que va hacia su destino trágico de batalla contra un enemigo que lo decuplica en número. Cruzamos junto a Ciro todos los obstáculos –naturales y humanos– del camino del héroe: ríos, arenas desérticas, colinas, angostos desfiladeros de montañas, ciudades pudientes o sólo laboriosas, murallas, llanuras que parecen vergeles. Cada estadio del movimiento –que Jenofonte llamaba *etapas*– permite comprobar la extraordinaria seducción de los relatos clásicos. Seducción derivada de que los relatos clásicos son capaces de demorar una resolución hasta lo intolerable, para terminar demostrando que era el mejor camino para contar esa anécdota –lo que Ricœur llamaba *"la estrategia del aplazamiento del desenlace"*.[41] Y mientras ese itinerario va dibujándose en el lector (nos dice que cruzamos el río Meandro, pasamos por Liconio, llegamos a las ciudades Fenicia y Miriandro, atravesamos el Éufrates y los desiertos de Arabia, o que ahora los ríos se llaman Calo y Dardas), también se van sucediendo las intrigas, los pactos, las deserciones.

Ese espesor narrativo hace que Jenofonte plantee el viaje como un camino que permitirá conocer el mundo y los personajes que lo habitan. De allí el rol que cumple el dinero como ardid para mantener aliada a una tropa tan oscilante que siempre parece a punto de abandonarlo a su suerte. De allí, también, las lealtades esquivas y las indeclinables, o la presencia de Epiaxa –mujer del rey Sienesis– que decide acompañarlo, fascinada por la firmeza con que disciplina a su ejército.

La concepción casi anticlimática de Jenofonte, como quedó dicho, se funda en esa oscilación entre el sistema de la peripecias y los cambios de condición de los personajes, y el relato de un trayecto. Esa misma perspectiva es la que el autor privilegia en el último tramo del texto, cuando el encuentro con el enemigo es pospuesto una y otra vez, y luego de que Ciro es muerto en combate por enfrentar al enemigo con la cabeza descubierta, cuando se acumula una serie de discursos apologéticos de la figura del líder. De allí en más comienza otra expedición con lo que ha quedado del aún más debilitado ejército de Jenofonte.

La idea del filme *Los Guerreros*, según queda expuesto en este apartado, no nace de una transposición del libro de Jenofonte, ya que el director Walter Hill coescribió el guión con David Shaber basándose en la novela homónima de Sol Yurick. Y aunque en ninguna parte de los títulos se informe el vínculo de sangre con la *Anábasis*, las correspondencias son inocultables.

La casi totalidad de la acción de *Los Guerreros* ocurre durante apenas una extensa e interminable noche, presidida por la imagen de la Rueda de la Fortuna de un parque de diversiones. Ese trastocamiento de la temporalidad obedece a un principio de concentración dramática que puede pensarse casi como postulado teórico de la transposición de clásicos: lo que cuatro siglos antes de Cristo tomaba quince meses, en la actualidad puede ocurrir en lo que va del anochecer al amanecer.

Esa noche, Cyrus, el líder más indiscutido de la ciudad, hace una cita para que las diferentes tribus-pandillas urbanas, que van desde los territorios o barrios más cercanos hasta los más lejanos, se concentren

---

41. Ricœur, Paul: *Historia y narratividad*, ob. cit., pág. 127.

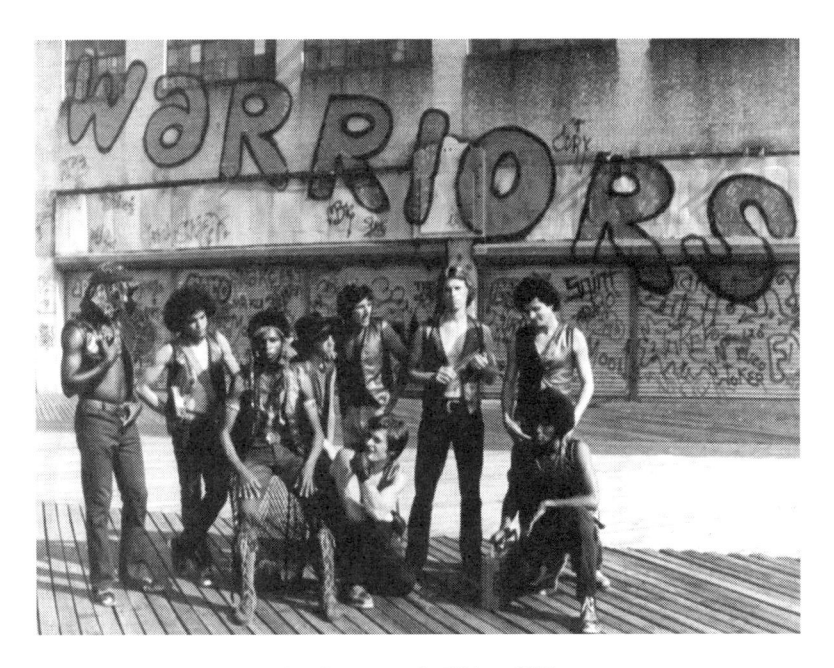

Los Guerreros, de Walter Hill.

en el Central Park. Se van sucediendo, entonces, las presentaciones de cada una de las bandas, con sus insignias, estilos, origen racial, inscripción geográfica referida al barrio o la localidad que representan: los vemos ataviados con ropa de *baseball*, o con ropa de seda, o en clave *rockabilly*, o pintados como mimos. En la reunión, Cyrus los convoca a deponer la lucha de cada uno por lo suyo, para unirse y dominar un espacio único de reinado, sobreponiéndose a las mezquindades individuales y a los gobiernos civiles como la policía. En el filme, Cyrus dice que "hay delegados de cien bandas y más... 20.000 miembros, 40.000 más, son 60.000 soldados contra 20.000 policías". En el texto Ciro llamaba a que los ejércitos se agruparan en Sardes, congregando a todas las fuerzas, "así bárbaras como griegas".[42]

El director expone las tribus urbanas como equivalentes de las tribus guerreras del Peloponeso, idea que será también la que propondrá Francis Ford Coppola en *La ley de la calle*, aunque en una clave más melancólica por un mundo perdido que la activa y visceral de Hill. El foco del filme, de todos modos, se centra en los Guerreros, quienes

---

42. Jenofonte: *Anábasis*, Madrid, Gredos, 1969, pág. 14.

nunca fueron al Bronx por ser una tribu circunscripta a su propio espacio. Pero la Asamblea o Convención –que sugiere un recital masivo de rock enmascarado– eclosiona en tragedia cuando Cyrus es muerto. Ahí, los Guerreros son acusados de matarlo y la casi totalidad de la acción se reduce al mito del eterno retorno de la pandilla a su lugar, mientras, en el curso de la fuga, intentarán probar su inocencia. En los varios libros que componen la *Anábasis*, la muerte de Ciro se da en batalla, contra su rival, y en el desenlace de la narración, por lo que la decisión de Hill de invertir el orden permite suponer un interés en los pasos ulteriores de las huestes del jefe desaparecido. Y ésa es la razón por la que el líder protagónico –quien arenga a los suyos, como Ciro en el texto– sea Swan, al que secundan Ajax y Fox, además de Cleon, una nada encubierta traducción del Clearco original, que en el filme también muere en la batalla campal de apertura.

Si la organización de las peripecias se ciñe a una única noche, la organización espacial va a estar estructurada por el circuito de trenes y subterráneos. Si en el material literario todo se basaba en la procesión de caminantes, en la película los Guerreros se dividen en dos grupos: uno que va en subte y otro a pie. De esas dos formas –que confluirán en el mismo lugar, hacia el final– pugnarán por volver a su lugar. Con más astucia que pragmatismo, Hill convierte el viaje de los Guerreros en un tránsito que sólo se detiene cuando debe enfrentar a otros grupos que buscan interferir el retorno, como ocurre con los Sarracenos, los Alunados, los Bateadores, los Toros, los Riffeños y hasta las singulares y traicioneras Lagartijas. En Jenofonte, la descripción de segmentos diferentes eran apuntes quizás sintetizables en la frase "todos avanzaban por naciones, en cuadro macizo cada nación".[43] Esas estaciones del subterráneo toman la forma de un laberinto inquietante y sustituyeron a las *etapas* de las que hablaba Jenofonte, por lo que en vez de puentes incendiados el director incluye estaciones quemadas, mientras se suman a los tránsitos subterráneos las breves y ocasionales caminatas por bosques, cementerios o calles, que hacen las veces de reemplazos de los accidentes naturales de la *Anábasis* y que oficiaban de marcas de posibles luchas contra las tropas adversarias.

Justamente en una de esas confrontaciones, los Guerreros pactan con los Huérfanos, aunque después optan por combatir para huir de su vecindario. Pero de ese pacto con los Huérfanos surge la figura de Mercy, que se une a Swan y los suyos porque los Huérfanos nunca pre-

---

43. Ídem, pág. 112.

sentan batalla. La cercanía entre Mercy y la ya descripta Epiaxa y su hombre Sienesis es tan irrefutable como que su voluntad surge del carácter guerrero de la tribu protagónica.

Uno de los hallazgos más precisos e inusuales del filme está en la incorporación de la radio. Por un lado, que esas bandas de jóvenes callejeros estén sintonizados entre sí por escuchar cotidianamente una estación que emite música y mensajes es de una lógica absoluta. Pero, por otro lado, Hill le imprime a ese recurso un estatuto diferencial y metafórico, porque esa estación radial irá cambiando de función y sentido, transformándose en comentadora del movimiento de los Guerreros, a través de la locutora y a través de las canciones que va poniendo al aire. Es como si se constituyera en reemplazo del coro griego y, a un tiempo, como si definiera el criterio de la transposición de Hill, que logró una equivalencia perfecta de los apuntes que Jenofonte iba desplegando sobre los acontecimientos de Ciro y sus tropas.

Pero si bien tanto el libro como el filme proponen como situación a un pequeño grupo de luchadores en competencia desigual con otro gigantesco y diseminado por un territorio vasto, la diferencia mayor se concentra en el epílogo, aunque en ambos formatos el mar cumpla su rol de espacio de llegada o fin de la aventura. Para Hill, sin embargo, el encuentro de la banda traidora y la heroica es la culminación dramática, en tanto que para Jenofonte ese choque largamente demorado se produce en el final, pero de la primera parte de su narración. Esta diferencia no es menor, en tanto designa relatos cuyos temas difieren: en la narración literaria, el eje central de la lucha es la toma del poder a través de estrategias de guerra; en la narración cinematográfica, en cambio, el eje central de la lucha es, inicialmente, la unificación del territorio, para luego derivar hacia la idea de que el lugar propio –su Coney Island, el "otro lado" de la ciudad– es el único donde el reinado es seguro.

Epílogo

Este texto intentó aproximarse a ciertos temas y problemáticas, plantear algunas hipótesis y conjeturas, discutir algunos juicios tan frecuentes como nunca revisados. Pero de las seguramente rudimentarias –y quizás equívocas– convicciones, siempre hubo una que hizo de faro y jamás fue puesta en duda, y que es de André Bazin (1966, pág. 169): *"Constatar que el cine ha aparecido 'después' de la novela o el teatro, no significa que vaya tras sus huellas y en su mismo plano. El fenómeno cinematográfico no se ha desarrollado en absoluto en las condiciones sociales en las que subsisten las artes tradicionales. Sería tanto como pretender que la java o el fox-trot son herederos de la coreografía clásica".*

Bibliografía general

Albéra, François (comp.) (1998): *Los formalistas rusos y el cine*, Barcelona, Paidós.
Almodóvar, Pedro (1997): *Carne trémula. El guión*, Barcelona, Plaza & Janés.
Alvaray, Luisela (1994): *Las versiones fílmicas. Los discursos que se miran*, Caracas, Fundación Cinemateca Nacional.
Arnheim, Rudolph: *El cine como arte*, Buenos Aires, Infinito, 1970.
Astruc, Alexander (1980): "Nacimiento de una nueva vanguardia: la Cámera-stylo", en Joaquim Romaguera i Ramió y Homero Alsina Thevenet, H. (eds.): *Fuentes y documentos del cine*, Barcelona, Gustavo Gili.
Avellar, José Carlos: "El piso de la palabra. Cine y literatura en Brasil", en *Nuevo Texto Crítico*, año X, enero-diciembre de 1997, n° 19-20, University of Stanford.
Baíz Quevedo, Frank: "La construcción del personaje cinematográfico", en *Objeto Visual*, n° 1, Caracas, enero-abril de 1993.
Bajtín, M. (1995): *Estética de la creación verbal*, México, Siglo XXI.
Baldelli, Pío (1977): *El cine y la obra literaria*, Buenos Aires, Galerna.
Bazin, André (1966): *¿Qué es el cine?*, Madrid, RIALP.
Behlmer, Rudy (1972): *Memo from David O. Selznick*, Nueva York, Viking.
Bettelheim, Bruno (1978): *Psicoanálisis de los cuentos de hadas*, Barcelona, Crítica-Grijalbo.
Bianco, José (1988): *Ficción y reflexión*, México, Fondo de Cultura Económica-Tierra Firme.
Biedermann, Hans (1996): *Diccionario de símbolos*, Barcelona, Paidós.
Blanchot, Maurice (1992): *El espacio literario*, Barcelona, Paidós.
Booth, Wayne C. (1974): *La retórica de ficción*, Barcelona, Bosch.

Borges, Jorge Luis (1993): "Kafka y sus precursores", en *Obras completas*, 1952-1972, vol. II, Buenos Aires, Emecé.
Brownlow, Kevin (1996): "The Making of David Lean's Film of The Bridge on the River Kwai", en *Cineaste*, vol. XXII, n° 2.
Burch, Noël (1970): *Praxis del cine*, Madrid, Fundamentos.
Cabrera Infante, Guillermo: "Remington Visits with Edison", en *American Film*, vol. XI, n° 4, enero-febrero de 1986.
Calvino, Italo (1995): *Por qué leer los clásicos*, Barcelona, Tusquets.
Campbell, Joseph (1992): *El héroe de las mil caras*, Buenos Aires, Fondo de Cultura Económica.
Capanna, Pablo (1992): *El mundo de la ciencia ficción. Sentido e historia*, Buenos Aires, Letra Buena.
Carrière, Jean-Claude y Bonitzer, Pascal (1991): *The End: Práctica del guión cinematográfico*, Barcelona, Paidós.
Clerc, Jean-Marie (1993): *Literature et Cinéma*, París, Nathan.
Cozarinsky, Edgardo (1964): *El laberinto de la apariencia*, Buenos Aires, Losada.
— (1981): *Borges en/y/sobre cine*, Madrid, Espiral-Fundamentos.
Cronenworth, Brian: "He Knew What He Wanted", en *American Film*, enero-febrero de 1989.
Chabrol, Claude (1976): *Et pourtant je tourne...*, París, Robert Laffont.
Chatman, Seymour (1990): *Historia y discurso. La estructura narrativa en la novela y en el cine*, Madrid, Taurus.
Chion, Michel (1990): *Cómo se escribe un guión*, Madrid, Cátedra.
— (1993): *La voix au cinéma*, París, Éditions de l'Etoile-Cahiers du Cinéma.
Devereaux, Mary: "Of 'Talk and Brown Furniture': The Aesthetics of Film Dialogue", *Post Script. Essays of Film and the Humanities*, vol. 6, n° 1, otoño de 1986.
Duras, Marguerite (1993): "Book and Film", en *Los ojos verdes*, Barcelona, Plaza & Janés.
Eisenstein, Serguei (1982): *Cinematismo*, Buenos Aires, Domingo Cortizo Editor.
Forster, E. M. (1995): *Aspectos de la novela*, Madrid, Debate.
Foucault, Michel (1996): *De lenguaje y literatura*, Barcelona, Paidós.
Gaudreault, A. y Jost, F. (1995): *El relato cinematográfico*, Barcelona, Paidós.
Genette, Gérard (1989): *Palimpsestos. La literatura en segundo grado*, Madrid, Taurus.
Godard, Jean-Luc (1971): *Jean-Luc Godard por Jean-Luc Godard*, Barcelona, Barral.

— (1980): *Introduction à une véritable histoire du cinéma*, París, Albatros, Collection Ca/Cinéma.
Greene, Graham (1985): *El décimo hombre*, Buenos Aires, Sudamericana.
Guénon, René (1995): *Símbolos fundamentales de la ciencia sagrada*, Barcelona, Paidós.
Guerif, François (1988): *El cine negro americano*, Barcelona, Alcor-Martínez Roca.
Horton, A. y Magretta, J. (1981): *Modern Europeans Filmmakers and the Art of Adaptation*, Nueva York, Ungar.
Isherwood, Christopher (1990): *La violeta del Prater*, México, Alianza Tres.
James, Henry (1962): "La próxima vez", en *La lección del maestro*, Buenos Aires, Compañía General Fabril Editora - Los libros del mirasol.
— (1975): *El futuro de la novela*, Madrid, Taurus.
Jameson, Richard T.: "John Huston", en *Film Comment*, mayo-junio de 1980.
Kael, Pauline: "Ulysses", en *New Republic*, 6 de mayo de 1967.
Kawin, Bruce F. (1977): *Faulkner and Film*, Nueva York, Ungar.
Lawson, John H. (1972): "Film: The Creative Process", en Edward Murray, *The Cinematic Imagination*, Nueva York, Ungar.
Lessing, Gothold E. (1960): *Laocoonte*, México, UNAM.
Magny, Claude E. (1972): *The Age of the American Novel –The Film Aesthetic of Fiction Between Two Wars–*, Nueva York, Ungar.
McConnell, Frank (1977): *El cine y la imaginación romántica*, Barcelona, Gustavo Gili.
— (1979): *Storytelling and Mythmaking. Images from Film and Literature*, Nueva York-Oxford, Oxford University Press.
McDowell, Margaret B. (1983): *Carson McCullers, un corazón solitario*, Buenos Aires, Fraterna.
Mínguez Arranz, Norberto (1998): *La novela y el cine: análisis comparado de los discursos narrativos*, Valencia, Ediciones de la Mirada.
Murray, Edward (1972): *The Cinematic Imagination –Writers and the Motion Pictures–*, Nueva York, Ungar.
Nabokov, Vladimir (1987): *Curso de literatura europea*, Barcelona, Ediciones B.
Oroz, Silvia (1995): *Melodrama. El cine de las lágrimas de América Latina*, México, UNAM.
Oubiña, D. y Aguilar, G. (1997): *El guión cinematográfico*, Buenos Aires, Paidós.
Peña-Ardid, Carmen (1996): *Literatura y cine. Una aproximación comparativa*, Madrid, Cátedra.
Perkins, V. F. (1976): *El lenguaje del cine*, Madrid, Fundamentos.

Phillips, Gene D. (1980): *Hemingway and Film*, Nueva York, Ungar.
Propp, Vladimir (1981): *Morfología del cuento*, Caracas-Madrid, Fundamentos.
Puig, Manuel (1993): *Los ojos de Greta Garbo*, Buenos Aires, Seix-Barral.
Rank, Otto (1994): *El mito del nacimiento del héroe*, México, Paidós.
Rebello, Stephen: "Alfred Hitchcock goes Psycho", *American Film*, 15, n° 7, abril de 1990.
Reisz, Karel (1990): *Técnica del montaje cinematográfico*, Madrid, Taurus.
Rentschler, Eric (ed.) (1986): *German Film and Literature: Adaptations and Transformations*, Nueva York-Londres, Methuen.
Revault D'allones, Fabrice (1991): *La lumiére au cinéma*, París, Cahiers du Cinéma.
Ricœur, Paul (1999): *Historia y narratividad*, Barcelona, Paidós.
Ródenas de Moya, Domingo (1997): "Cita de ensueño: el cine y la literatura nueva de los años veinte", en Carlos J. Gómez Blanco (coord.), *Literatura y cine: perspectivas semióticas*, Santiago de Compostela, Universidade da Coruña.
Rohmer, Eric (2000): *El gusto por la belleza*, Barcelona, Paidós.
Rúas, Charles (1986): *Conversaciones con escritores norteamericanos*, Buenos Aires, Sudamericana.
Saer, Juan José (1997): *El concepto de ficción*, Buenos Aires, Planeta.
Sánchez Noriega, José Luis (2000): *De la literatura al cine*, Barcelona, Paidós.
Scott, A. O. : "The Page Floats, Transformed", *The New York Times*, 16 de junio de 2000.
Sorlin, Pierre (1996): *Cines europeos, sociedades europeas 1939-1990*, Barcelona, Paidós.
Spoto, Donald (1985): *Alfred Hitchcock. El lado oscuro de un genio*, Barcelona, Ultramar.
Stam, R., Burgoyne R. y Flitterman-Lewis, S. (1999): *Nuevos conceptos de la teoría del cine*, Barcelona, Paidós.
Vale, Eugène (1996): *Técnicas del guión para cine y televisión*, Barcelona, Gedisa.
Vanoye, Francis (1996): *Guiones modelo, modelos de guión*, Barcelona, Paidós.
Vax, Louis (1973): *Arte y literatura fantásticas*, Buenos Aires, Eudeba.
Villain, Dominique (1994): *El montaje*, Madrid, Cátedra.
— (1997): *El encuadre cinematográfico*, Barcelona, Paidós.
VV.AA. (1991): *El guión cinematográfico*, Santa Fe, Universidad Nacional del Litoral.

Wellek, R. y Warren, A. (1979): *Teoría literaria*, Madrid, Gredos.
Zeiger, Claudio (1994): "Cine y literatura: para qué sirve ser fiel", en Sergio Wolf (comp.), *Cine argentino. La otra historia*, Buenos Aires, Letra Buena.

Textos citados transpuestos al cine

Banks, Russell (1997): *Aflicción,* Barcelona, Angrama.
Bartolini, Luigi (1958): *El ladrón de bicicletas,* Barcelona, Grupo Plaza.
Bassani, Giorgio (1972): *Los anteojos de oro,* Barcelona, Barral Editores.
Benedetti, Mario (1971): *La tregua,* Montevideo, Alfa.
Bianco, José (1973): *Las ratas* y *Sombras suele vestir,* Buenos Aires, Siglo XXI.
Blatty, William P. (1972): *El exorcista,* Buenos Aires, Emecé.
Bloch, Robert (1985): *Psicosis,* Bogotá, Carvajal.
Boito, Camillo (1987): *Senso,* Buenos Aires, Seix Barral.
Booz, Mateo (1953): "Los inundados", en *Santa Fe, mi país,* Santa Fe, Librería y Editorial Castellví Sociedad Anónima.
Borges, Jorge Luis (1968): "Hombre de la esquina rosada", en *Nueva antología personal,* Buenos Aires, Emecé.
Boulle, Pierre (1962): *El puente sobre el río Kwai,* Buenos Aires, Emecé.
Bukowski, Charles (1978): *Ordinaria locura,* Barcelona, Anagrama.
Burgess, Anthony (1973): *La naranja mecánica,* Buenos Aires, Minotauro.
Burroughs, William S. (1971): *Almuerzo desnudo,* Buenos Aires, Siglo Veinte.
Capote, Truman (1979): *A sangre fría,* Barcelona, Bruguera.
Dahl, Roald (1999): *Matilda,* Buenos Aires, Alfaguara.
Du Maurier, Daphne (1974): *Rebeca,* Barcelona, Plaza & Janés.
Duras, Marguerite (1989): *El amante,* Barcelona, Tusquets.
— (1993): *El amante de la China del Norte,* Barcelona, RBA.
Ellroy, James (1991): *Los Ángeles confidencial,* Navarra, Ediciones B.
Goethe, Johann Wolfgang (1981): *Penas del joven Werther,* Madrid, Alianza.
Greene, Graham (1971): *El fin de la aventura,* Buenos Aires, Sur.

Grubb, Davis (1959): *La noche del cazador,* Buenos Aires, Kraft-Vértice.
Guimard, Paul (1973): *Las cosas de la vida,* Madrid, Rodas.
Hammett, Dashiell (1968): *La llave de cristal,* Madrid, Alianza.
— (1990): *Cosecha roja,* Madrid, Alianza.
— (1993): *El halcón maltés,* Madrid, Alianza.
Hemingway, Ernest (1956): *Los asesinos,* Barcelona, B. Caralt.
James, Henry (1962): *Otra vuelta de tuerca,* Buenos Aires, Companía General Fabril Editora.
Jenofonte (1969): *Anábasis,* Madrid, Gredos.
Joyce, James (2000): "Los muertos", en *Dublineses,* Madrid, Alianza.
Jury, Jorge Zuhair (1969): *El dependiente y otros cuentos,* Buenos Aires, Galerna.
La Motta, Jake (1980): *Toro salvaje,* Barcelona, Argos-Vergara.
Leonard, Elmore (1994): *Rum Punch,* Barcelona, Ediciones B.
Mann, Thomas (1978): *La muerte en Venecia,* Buenos Aires, Siglo Veinte.
McCullers, Carson (1965): "Reflejos en un ojo dorado", en *La balada del café triste,* Barcelona, Seix Barral.
Moravia, Alberto (1956): *El desprecio,* Buenos Aires, Losada.
Mosley, Walter (1995): *El demonio vestido de azul,* Barcelona, Anagrama.
Nabokov, Vladimir (1991): *Lolita,* Barcelona, Anagrama.
Proust, Marcel (1998): *En busca del tiempo perdido (7. El tiempo recobrado),* Madrid, Alianza.
Quiroga, Horacio (1990): "Su ausencia", en *Más cuentos,* México, Porrúa.
Rendell, Ruth (1995): *La mujer de piedra,* Barcelona, Plaza & Janés.
— (1988): *Un árbol de manos,* Madrid, Alfaguara.
—(1989): *Carne trémula,* Madrid, Alfaguara.
Saint-Laurent, Cecil (1976): *Lola Montes,* Barcelona, Caralt.
Shakespeare, William (1951): *Obras completas,* Madrid, Aguilar.
Shepard, Sam (1989): *Crónicas de motel,* Barcelona, Anagrama.
Simenon, Georges (1998): *Los fantasmas del sombrerero,* Barcelona, Tusquets.
Strugatski, A. y Strugatski, B. (1978): *Picnic extraterrestre,* Buenos Aires, Emecé.
Tabucchi, Antonio (1995): *Sostiene Pereira,* Barcelona, Anagrama.
Tyler, Anne (1986): *Turista accidental,* Buenos Aires, Emecé.
Wharton, Edith (1985): *La edad de la inocencia,* Barcelona, Tusquets.
Williams, Charles (1974): *La larga noche del sábado,* Barcelona, Península.

Películas citadas

Adiós muñeca (*Farewell my Lovely*, Gran Bretaña, 1975). Dirección: Dick Richards.
Alas del deseo, Las (*Der Himmel über Berlin*, Alemania-Francia, 1988). Dirección: Wim Wenders.
Alemania, año cero (*Germania, anno zero*, Italia-Alemania Federal-Francia, 1947). Dirección: Roberto Rossellini.
Alicia en las ciudades (*Alice in den Stadten*, Alemania Federal, 1973). Dirección: Wim Wenders.
Al estilo mohicano (*A Mohawk's Way*, Estados Unidos, 1910). Dirección: David Wark Griffith.
Amante, El (*L'amant*, Francia, 1992). Dirección: Jean-Jacques Annaud.
A sangre fría (*In Cold Blood*, Estados Unidos, 1967). Dirección: Richard Brooks.
Asesinos, Los (*The Killers*, Estados Unidos, 1946). Dirección: Robert Siodmak.
Asesinos, Los (*Ubijtsi*, URSS, 1959). Dirección: Andrei Tarkovski.
Asesinos, Los (*The Killers*, Estados Unidos, 1964). Dirección: Don Siegel.
Átame (España, 1989). Dirección: Pedro Almodóvar.
Avalon (ídem, Estados Unidos, 1990). Dirección: Barry Levinson.
Bajo el volcán (*Under the Volcano*, Estados Unidos, 1984). Dirección: John Huston.
Balada del café triste, La (*The Ballad of the Sad Cafe*, Estados Unidos, 1991). Dirección: Simon Callow.
Barton Fink (ídem, Estados Unidos, 1991). Dirección: Joel Coen.
Beso de la mujer araña, El (*The Kiss of a Spider Woman*, Estados Unidos-Brasil, 1985). Dirección: Héctor Babenco.
Biblia, La (*The Bible*, Estados Unidos-Italia, 1966). Dirección: John Huston.

Blade Runner (Estados Unidos, 1982). Dirección: Ridley Scott.
Blue in the Face (ídem, Estados Unidos, 1995). Dirección: Wayne Wang y Paul Auster.
Breve encuentro (*Brief encounter,* Gran Bretaña, 1945). Dirección: David Lean.
Brindis al amor (*The Band Wagon,* Estados Unidos, 1953). Dirección: Vincente Minnelli.
Burla del diablo, La (*Beat the Devil/Il tesoro dell'Africa,* Estados Unidos/ Italia, 1953). Dirección: John Huston.
Buscando a Ricardo III (*Looking for Richard,* Estados Unidos, 1996). Dirección: Al Pacino.
Canción de la conciencia, La (*The Song of Conscience,* Estados Unidos, 1909). Dirección: David Wark Griffith.
Carne trémula (España, 1997). Dirección: Pedro Almodóvar.
Carta de una enamorada (*Letter from an Unknown Woman,* Estados Unidos, 1948). Dirección: Max Ophuls.
Cautivos del mal (*The Bad and the Beautiful,* Estados Unidos, 1952). Dirección: Vincente Minnelli.
Ceremonia, La (*La cérémonie,* Francia, 1994). Dirección: Claude Chabrol.
Cigarros (*Smoke,* Estados Unidos, 1995). Dirección: Wayne Wang.
Ciudadano, El (*Citizen Kane,* Estados Unidos, 1941). Dirección: Orson Welles.
Ciudad dorada (*Fat City,* Estados Unidos, 1972). Dirección: John Huston.
Club de los suicidas, El (*The Suicide Club,* Estados Unidos, 1909). Dirección: David Wark Griffith.
Collar, El (*The Necklace,* Estados Unidos, 1909). Dirección: David Wark Griffith.
Conciencia vengadora, La (*The Avenging Conscience/Thou Shalt Not Kill,* Estados Unidos, 1914). Dirección: David Wark Griffith.
Confidencialmente tuya (*Vivement dimanche!,* Francia, 1983). Dirección: François Truffaut.
Contacto en Francia (*The French Connection,* Estados Unidos, 1971). Dirección: William Friedkin.
Corazón es un cazador solitario, El (*The Heart is a Lonely Hunter,* Estados Unidos,1968). Dirección: Robert Ellis Miller.
Corazón satánico (*Angel Heart,* Estados Unidos, 1987). Dirección: Alan Parker.
Cosas de la vida (*Les choses de la vie,* Francia, 1970). Dirección: Claude Sautet.
Cruising (ídem, Estados Unidos, 1980). Dirección: William Friedkin.
Cuentos asombrosos 2 (*Amazing Stories 2,* Estados Unidos, 1986). Filme

en episodios para televisión. Dirección: Steven Spielberg, Robert Zemeckis, Danny De Vito y Brad Bird.

Cuerpos ardientes (*Body Heat*, Estados Unidos, 1981). Dirección: Lawrence Kasdan.

Cuerpos perdidos (*Corps perdu*, Argentina-Francia, 1988). Dirección: Eduardo De Gregorio.

Dama del lago, La (*Lady in the Lake*, Estados Unidos, 1946). Dirección: Robert Montgomery.

Delgada línea azul, La (*The Thin Blue Line*, Estados Unidos, 1988). Dirección: Errol Morris.

Delgada línea roja, La (*The Thin Red Line*, Estados Unidos, 1998). Dirección: Terrence Malick.

Demonio vestido de azul, El (*Devil in a Blue Dress*, Estados Unidos, 1995). Dirección: Carl Franklin.

De paseo a la muerte (*Miller's Crossing*, Estados Unidos, 1990). Dirección: Joel Coen.

Dependiente, El (Argentina, 1968). Dirección: Leonardo Favio.

Desde ahora y para siempre (*The Dead*, Gran Bretaña, 1987). Dirección: John Huston.

Desierto de los tártaros, El (*Il deserto dei tartari*, Italia, 1976). Dirección: Valerio Zurlini.

Desprecio, El (*Le mépris*, Francia-Italia, 1963). Dirección: Jean-Luc Godard.

Días de furia (*Affliction*, Estados Unidos, 1998). Dirección: Paul Schrader.

Diner (ídem, Estados Unidos, 1982). Dirección: Barry Levinson.

Disparen sobre el pianista (*Tirez sur le pianiste*, Francia, 1960). Dirección: François Truffaut.

Edad de la inocencia, La (*The Age of Innocence*, Estados Unidos, 1993). Dirección: Martin Scorsese.

Effi Briest (*Fontane Effi Briest*, Alemania Federal, 1972). Dirección: Rainer Werner Fassbinder.

Elena y los hombres (*Elena et les hommes*, Francia, 1956). Dirección: Jean Renoir.

Ensayo de un crimen (España, 1955). Dirección: Luis Buñuel.

Entre tinieblas (España, 1983). Dirección: Pedro Almodóvar.

Ese oscuro objeto del deseo (*C'est obscur objet du desir*, Francia, 1977). Dirección: Luis Buñuel.

Espectro errante, El (*The ghost goes West*, Estados Unidos, 1936). Dirección: René Clair.

Espejo, El (*Zerkalo*, URSS, 1974). Dirección: Andrei Tarkovski.

Exorcista, El (*The Exorcist*, Estados Unidos, 1973). Dirección: William Friedkin.
Exorcista III, El (*The Exorcist III*, Estados Unidos, 1990). Dirección: William P. Blatty.
Fantasmas de un hombre respetable, Los (*Les fantômes du chapelier*, Francia, 1982). Dirección: Claude Chabrol.
Fausto criollo, El (Argentina, 1979). Dirección: Luis Saslavsky.
Flor de mi secreto, La (España, 1995). Dirección: Pedro Almodóvar.
Fuga, La (Argentina, 1937). Dirección: Luis Saslavsky.
Guerra del fuego, La (*La guerre du feu*, Francia-Canadá, 1982). Dirección: Jean-Jacques Annaud.
Guerra de los Roses, La (*The War of the Roses*, Estados Unidos, 1989). Dirección: Danny De Vito.
Guerreros, Los (*The Warriors*, Estados Unidos, 1979). Dirección: Walter Hill.
Halcón maltés, El (*The Maltese Falcon*, Estados Unidos, 1941). Dirección: John Huston.
Hamlet en el negocio (*Hamlet Like Maailmasa*, Finlandia, 1987). Dirección: Aki Kaurismaki.
Haz lo correcto (*Do the Right Thing*, Estados Unidos, 1988). Dirección: Spike Lee.
Historia de Adela H., La (*L'Histoire d'Adele H.*, Francia, 1975). Dirección: François Truffaut.
Historia de locura común (*Storie di ordinaria follia/Conte de la folie ordinaire*, Italia-Francia, 1981). Dirección: Marco Ferreri.
Hoffa (ídem, Estados Unidos, 1992). Dirección: Danny De Vito.
Hombre de la esquina rosada (Argentina, 1961). Dirección: René Mugica.
Hombre de los anteojos de oro, El (*Gli Occhiani d'oro,* Italia, 1987). Dirección: Giuliano Montaldo.
India Song (Francia, 1975). Dirección: Marguerite Duras.
Infancia de Iván, La (*Ivanovo Destno*, URSS, 1962). Dirección: Andrei Tarkovski.
Inundados, Los (ídem, Argentina, 1962). Dirección: Fernando Birri.
Jade (ídem, Estados Unidos, 1995). Dirección: William Friedkin.
Jardín de los Finzi Contini, El (*Il giardino dei Finzi Contini*, Italia-Alemania Federal, 1971). Dirección: Vittorio De Sica.
Jetée, La (ídem, Francia, 1962). Dirección: Chris Marker.
John Huston and the Dubliners (Estados Unidos, 1987). Dirección: Lilyan Sievernich.
Jules y Jim (*Jules et Jim*, Francia, 1961). Dirección: François Truffaut.
Kika (España, 1993). Dirección: Pedro Almodóvar.
Ladrón de bicicletas (*Ladri di biciclette*, Italia, 1948). Dirección: Vittorio De Sica.

Larga noche del 43, La (*La lunga notte del 43*, Italia, 1960). Dirección: Florestano Vancini.
Ley de la calle, La (*Rumble Fish*, Estados Unidos, 1983). Dirección: Francis Ford Coppola.
Ley del deseo, La (España, 1986). Dirección: Pedro Almodóvar.
Le Navire Night (Francia, 1978). Dirección: Marguerite Duras.
Llamado de la selva, El (*The Call of the Wild*, Estados Unidos, 1908). Dirección: David Wark Griffith.
Lola Montes (ídem, Francia, 1955). Dirección: Max Ophuls.
Lolita (ídem, Estados Unidos, 1997). Dirección: Adrian Lyne.
Los Ángeles al desnudo (*L.A. Confidential*, Estados Unidos, 1997). Dirección: Curtis Hanson.
Los que llegan con la noche (*The Nightcomers*, Gran Bretaña, 1972). Dirección: Michael Winner.
Louisiana Story (ídem, Estados Unidos, 1948). Dirección: Robert Flaherty.
Lulú on the Bridge (ídem, Estados Unidos, 1998). Dirección: Paul Auster.
Lustrabotas (*Sciuscià*, Italia, 1946). Dirección: Vittorio De Sica.
Marquesa de O., La (*Die marquise von O.*, Alemania Federal, 1976). Dirección: Eric Rohmer.
Matador (España, 1986). Dirección: Pedro Almodóvar.
Matilda (ídem, Estados Unidos, 1996). Dirección: Danny De Vito.
M. el vampiro negro (*M.*, Alemania, 1931). Dirección: Fritz Lang.
Mientras la ciudad duerme (*The Asphalt Jungle*, Estados Unidos, 1950). Dirección: John Huston.
Mishima (ídem, Estados Unidos, 1985). Dirección: Paul Schrader.
Moby Dick (ídem, Estados Unidos, 1956). Dirección: John Huston.
Muerte en Venecia (*Morte in Venezia*, Italia-Francia, 1971). Dirección: Luchino Visconti.
Mujeres al borde de un ataque de nervios (España, 1987). Dirección: Pedro Almodóvar.
Música del azar, La (*The Music of Chance*, Estados Unidos, 1993). Dirección: Philip Haas.
Nacimiento de una nación, El (*The Birth of a Nation*, Estados Unidos, 1915). Dirección: David Wark Griffith.
Naranja mecánica, La (*A Clockwork Orange*, Gran Bretaña-Estados Unidos, 1971). Dirección: Stanley Kubrick.
Noche del cazador, La (*The Night of the Hunter*, Estados Unidos, 1956). Dirección: Charles Laughton.
Nocturne Indien (ídem, Francia, 1995). Dirección: Alain Corneau.
Novena configuración, La (*The Ninth Configuration*, Estados Unidos, 1980). Dirección: William Peter Blatty.

Novia vestía de negro, La (*La mariée était en noir*, Francia, 1967). Dirección: François Truffaut.

Ocaso de un amor, El (*The End of the Affair*, Gran Bretaña, 1999). Dirección: Neil Jordan.

Otello (*Othello*, Estados Unidos-Gran Bretaña, 1995). Dirección: Oliver Parker.

Padrino III, El (*The Godfather III*, Estados Unidos, 1990). Dirección: Francis Ford Coppola.

París, Texas (ídem, Estados Unidos, 1984). Dirección: Wim Wenders.

Pasión de los fuertes (*My Darling Clementine*, Estados Unidos, 1946). Dirección: John Ford.

Pepi, Luci, Bom y otras chicas del montón (España, 1980). Dirección: Pedro Almodóvar.

Pierrot, el loco (*Pierrot le fou*, Francia-Italia, 1965). Dirección: Jean-Luc Godard.

Placer, El (*Le Plaisir*, Francia, 1951). Dirección: Max Ophuls.

Psicosis (*Psycho*, Estados Unidos, 1960). Dirección: Alfred Hitchcock.

Puente sobre el Río Kwai, El (*The Bridge on the River Kwai*, Gran Bretaña, 1957). Dirección: David Lean.

Quiero decirte que te amo (*French Kiss*, Estados Unidos, 1995). Dirección: Lawrence Kasdan.

Ratas, Las (Argentina, 1963). Dirección: Luis Saslavsky.

Rebeca (*Rebecca*, Estados Unidos, 1940). Dirección: Alfred Hitchcock.

Reencuentro (*The Big Chill*, Estados Unidos, 1983). Dirección: Lawrence Kasdan.

Reflejos en tus ojos dorados (*Reflections in a Golden Eye*, Estados Unidos, 1967). Dirección: John Huston.

Regreso del hijo, El (*The Son's Return*, Estados Unidos, 1909). Dirección: David Wark Griffith.

Reina Margot, La (*La reine Margot*, Francia-Alemania-Italia, 1994). Dirección: Patrice Chéreau.

Réquiem (ídem, Francia-Suiza, 1997). Dirección: Alain Tanner.

Retrato de una dama (*Portrait of a Lady*, Gran Bretaña, 1996). Dirección: Jane Campion.

Ricardo III (*Richard III*, Estados Unidos-Gran Bretaña, 1995). Dirección: Richard Loncraine.

Romeo y Julieta (*Romeo and Juliet*, Gran Bretaña-Italia, 1968). Dirección: Franco Zeffirelli.

Ronda, La (*La ronde*, Francia, 1950). Dirección: Max Ophuls.

Rueda de la fortuna, La (*Meet Me in Saint Louis*, Estados Unidos, 1944). Dirección: Vincente Minnelli.

Sacrificio, El (*Offret*, Suecia, 1986). Dirección: Andrei Tarkovski.

Santuario (*Sanctuary*, Estados Unidos, 1961). Dirección: Tony Richardson.

Senso (ídem, Italia, 1954). Dirección: Luchino Visconti.
Sin aliento (*À bout de souffle*, Francia, 1959. Dirección: Jean-Luc Godard.
Solaris (ídem, URSS, 1972). Dirección: Andrei Tarkovski.
Sostiene Pereira (ídem, Italia-Portugal, 1998). Dirección: Roberto Faenza.
Stalker - La Zona (*Stalker*, URSS, 1979). Dirección: Andrei Tarkovski.
Tercer hombre, El (*The Third Man*, Gran Bretaña, 1949). Dirección: Carol Reed.
Tesoro de la Sierra Madre, El (*The Treasure of the Sierra Madre*, Estados Unidos, 1948). Dirección: John Huston.
The Member of the Wedding (ídem, Estados Unidos, 1952). Dirección: Fred Zinnemann.
Tiempo recobrado, El (*Le temps retrouvé*, Francia, 1998). Dirección: Raúl Ruiz.
Tira a mamá del tren (*Throw Momma From the Train*, Estados Unidos, 1987). Dirección: Danny De Vito.
Toro salvaje (*Raging Bull*, Estados Unidos, 1980). Dirección: Martin Scorsese.
Tregua, La (Argentina, 1974). Dirección: Sergio Renán.
Tres coronas del marinero, Las (*Les trois couronnes du matelot*, Francia, 1982). Dirección: Raúl Ruiz.
Triple traición (*Jackie Brown*, Estados Unidos, 1997). Dirección: Quentin Tarantino.
Ulises (*Ulysses*, Italia, 1955). Dirección: Mario Camerini.
Ulysses (ídem, Estados Unidos, 1967). Dirección: Joseph Strick.
Último tango en París (*Last Tango in Paris*, Francia-Italia, 1972). Dirección: Bernardo Bertolucci.
Una enemiga en la casa (*A Judgement in Stone*, Canadá, 1986). Dirección: Ousama Rawi.
Un árbol de manos (*A Tree of Hands/Innocent Victim*, Gran Bretaña, 1989). Dirección: Giles Foster.
Une pierre, un arbre, un nuage (ídem, Francia, 1981). Dirección: Christine Van de Putte.
Un tropiezo llamado amor (*The Accidental Tourist*, Estados Unidos, 1985). Dirección: Lawrence Kasdan.
Ventana indiscreta, La (*Rear Window*, Estados Unidos, 1954). Dirección: Alfred Hitchcock.
Verdes paraísos, Los (Argentina, 1947). Dirección: Carlos Hugo Christensen.
Vidalita (Argentina, 1949). Dirección: Luis Saslavsky.
Week-End (ídem, Francia, 1967). Dirección: Jean-Luc Godard.
Werther (España, 1986). Dirección: Pilar Miró.